日本の勝機

米中韓の変化に果敢に向き合え

櫻井よしこ
+
国家基本問題研究所

日本の勝機

米中韓の変化に果敢に向き合え

■日本の勝機　目次

【対談】反日メディア、アメリカの揺らぎ、日本の前進を阻むもの
ジャーナリスト　櫻井よしこ×杏林大学名誉教授　田久保忠衛　7

揺れ動く歴史認識問題の変質に注視せよ
ジャーナリスト　櫻井よしこ　31

日韓関係のためにも自衛隊＝国軍の整備を急げ
東京基督教大学教授　西岡　力　55

アジア海洋同盟で中国を抑止せよ
産経新聞特別記者　湯浅　博　77

アメリカの変節がもたらす衝撃に備えよ
杏林大学名誉教授　田久保忠衛　99

米中関係の理解なくして日本の「独立自存」はない
元時事通信外信部長　冨山　泰　123

「レーガン保守」が示唆する憲法改正の覚悟
福井県立大学教授　島田洋一　151

愛すべき日本、学ぶべき明治
東京大学名誉教授　平川祐弘　173

断ち切られた親子の絆を見つめよう
明星大学教授　高橋史朗　195

異次元の規制改革を目指せ——メガＦＴＡの実現を
東京国際大学教授　大岩雄次郎　217

【遺稿】憲法とアベノミクスについて
拓殖大学大学院教授　遠藤浩一　241

時機到来！　いまこそ改憲のときだ
杏林大学名誉教授　田久保忠衛　261

国家基本問題研究所について　286

対談

反日メディア、アメリカの揺らぎ、日本の前進を阻むもの

杏林大学名誉教授
田久保忠衛

■たくぼ ただえ

昭和八（一九三三）年生まれ。早稲田大学法学部を卒業後、時事通信社に入社。ハンブルク特派員、那覇支局長、ワシントン支局長、外信部長、解説委員を経て編集局次長。同社を退社後、杏林大学社会科学部教授、同学部長を歴任。専門は国際政治学・国際関係論。第十二回正論大賞受賞。著書に『レーガン戦略と日本の破局』『ニクソンと対中国外交』『激流世界を生きて』など多数。

■さくらい よしこ

昭和二十（一九四五）年、ハノイ生まれ。ハワイ州立大学歴史学部卒業。日本テレビ・ニュースキャスターなどを経てフリー・ジャーナリストに。大宅壮一ノンフィクション賞、菊池寛賞、正論大賞を受賞。平成十九年、国家基本問題研究所を設立し理事長に就任。著書に『宰相の資格』『日本の試練』『甦れ、日本』『明治人の姿』など多数。

ジャーナリスト
櫻井よしこ

国家基本問題研究所の真の敵は

櫻井よしこ　日本の再生と前進を阻んでいるものの一例としてまず日本のメディアを考えたいと思います。日本の再生と戦後レジームからの脱却を掲げる第二次安倍晋三政権が二〇一二年十二月発足しましたが、メディアは執拗に政権批判を繰り返しています。朝日新聞を筆頭に毎日新聞や東京中日、共同通信、ＮＨＫなどですが、これらのメディアには共通の特徴があると私は考えています。

まず彼らが見ている現実は表層や目先のことに限られています。時間的に実に短い刹那《せつな》的な世界だけで物事を論じ、判断しているということです。物事の是非を判断するときには、その延長上にある問題や、「なぜこの問題を取り挙げなければならないのか」といった歴史的な経緯があるのに、そうしたことはほとんど顧みられずに論じられている。時間的な枠組みが短いだけではありません。水平的な広がりにも目を向けようとしていないのです。例えば、日本だけに留まらず、他の国々に視野を広げしっかり観察したうえで判断しなければいけないのにそうした姿勢が見られない。全体像が欠落していて、自分の目線や視野だけで物事を見ているに過ぎません。

彼らはまた、戦後の現行憲法の精神に染まっている点でも共通しています。何の疑念も抱かずに、現行憲法を守ることが思考の出発点になっている。戦後の考え方にどっぷり浸かってこれを疑問視したり、欠陥を正そうとする動きに反発しているのです。結果として、憲法改正どころか、集団的自衛権をめぐる憲法解釈の変更も、またそこにつながるあらゆる動きも、それがなぜ必要なのか、世界はどう変化しているのかなどは考慮せずに、古い殻に閉じこもり続けるのではないでしょうか。

その先に、もたらされるものが奴隷の平和だったとしても争いごとがなければその方がいいと考えているとしか思えません。いかなる場合でも争いはない方が正しいと考えているのです。自分たちが貶《おとし》められても屈服しても、戦わずに済ませることが全てに勝る至上の価値だと捉えている。こんな自らを否定する価値観を持つ国は、世界中どこを探してもないでしょう。果たしてこれはイデオロギーと呼ぶに値するのか。それ以前の無知の結果なのか。これを仮に戦後のイデオロギーだというならば、これこそ私たち国家基本問題研究所が真の敵だと考えてきた価値観にほかなりません。

六〇年安保のさい、安保条約を改定しようとした岸信介首相はその先に憲法改正を考えていました。一方、これに反対を唱えた人たちは安保条約そのものを読んでさえいなかったという有名な話があります。あれから五十年経っても彼らのメンタリティはそう変わっていない。殆《ほとん》ど進歩していないのです。自分たちの目線や視野を至高の価値あるものだと思い違いをしているのです。

田久保忠衛　緊張感がなく国際社会における横の広がりというものが全くわかっていないいで

すね。国際社会全体のなかで、日本にはどういう敵がいて、そのなかで安倍首相が何をしようとしているのか。この理解が全くといっていいほど欠如しているのです。

国基研がスタートしてから七年が経ちました。私たちははじめの段階からこのことをきちんと腰を据えて考えてきました。国際情勢全体のなかで日本は何をしなければいけないのか。戦後のレジームを守っていくだけでいいのか。こういう問題意識を常に堅持し続けてきました。しかし、そのような意識は私たちだけでなく毎日のニュースを扱うメディアの人に欠かせないものだと思う。ところが彼らからそういう問題意識は見いだせない。集団的自衛権問題の新聞報道を見ていると、中国や北朝鮮の脅威は眼中になく、日本の敵は安倍首相だと言わんばかりの紙面を作っていた。何故、集団的自衛権が行使できるようにしておかないかは考えてはいないのか。

これはジャーナリズムだけの問題ではありません。政界も財界も、そして官界にもこうした問題意識は欠かせないはずです。地理的な広がりに加えて、歴史の深さをも踏まえて考え、物事を判断していかなければならないのです。ところが、毎日生起する問題をとりあえずどう処理するかにかまけている。

日本はいま、どういう状態にあるか。日米安保条約を中心にした安全保障体制を敷いていますが、現実には米国の保護国に等しいのです。外交権や防衛権など国の基本を米国に事実上握られています。形式的には独立国だが妙な国家なのです。果たしてそういう認識がいまのジャーナリストにあるのだろうか。甚だ覚束ない。

政治家にもミスはあります。しかし、安倍首相のやることをはじめから逐一、反対していくなんて愚かしいことこのうえない。繰り返しになりますが、日本国にとって主たる敵はどこなのか。一国で対応できなければ、どこと同盟を結び、政治家はそれに合わせていかに国家を切り盛りしようとしているのか。新聞はそれをどういうアングルで報じればいいのか。新聞によってアングルは違っていい。けれども、基本の日本が置かれた立場は前提としてしっかり理解しておかないと、立派な記事は書けない。私はそう思いますよ。

日本のメディア・野党は朴槿恵大統領と同じ

櫻井　二〇一三年十二月の安倍首相の靖国神社参拝のときもそうでした。メディアは競って米国が怒っているから靖国神社の参拝には問題がある、といった報じ方をしましたが、私には不思議でなりません。
なぜ、こうなってしまうのか。遡《さかのぼ》って考えていくと、戦後の日本人の意識に、独立した国家の意識が希薄になってしまったこと以外に理由は見いだせません。田久保さんが起草委員長としてまとめられた産経新聞の「国民の憲法」要綱には「独立自存の道義国家を目指す」と国家の目標が掲げられています。道義大国で自主独立の気概を有していれば、他国の思惑を気に掛け、どこの国が怒るか、などと気にする必要もない話です。

メディアの姿勢こそ、おかしい。靖国神社参拝がどういう影響をもたらすのか、それが安倍首相にどうネガティブに跳ね返ってくるか。そんなことばかり期待しながら取材しているのではないでしょうか。このように米国の思惑を気にするのは、政治家たりとも同様です。安倍首相の参拝に先立って首相補佐官が米国要人の意見を聞くために訪米しました。その心は、首相参拝についての理解を深め、参拝への道筋をつけることにあったと、補佐官は説明します。

日米同盟の重要性を考えれば、この訪米にはそれなりの意味がありますが、一方で、靖国参拝のためには米国の許可も必要だという新たな状況を作り出しかねない危うさを含んでいます。

「米国は怒っているじゃないか」「中国韓国だけじゃないぞ」と騒ぐ人たちが増え、結局、「参拝しない方がいい」という方向に世論を導いてしまう危険性が、すでに見えてきました。

田久保　参拝前に首相補佐官があらかじめ米国の感触を取りに行ったのはまだしも、この手の「了解」工作は、問題が生じるたびに根回しと称して中国にもやっています。首相の靖国神社参拝は外交問題にしてはいけないはずです。

一体、どうしてそんなことをわが国はやってきたのか。それは国家のためというよりも私たちに自主性が欠如しているからだといわざるを得ません。こんなことをしたら、次に安倍首相が靖国神社に参拝をするときにも米国に詣でなければ波風が立ってしまうでしょう。いわば外交カードを預けてしまうことになります。

安倍首相が素晴らしかったのは米国はノーだ、中韓もそうだといった、参拝にブレーキを掛ける報告が各方面から上がってきているにもかかわらず、敢えて参拝した点ですね。安倍首相をがんじがらめにしている外務省を中心にした人々はすべて「行くな」と言った。にもかかわらず参拝したのです。これは歴史的に意義ある大決断だったと思いますよ。

櫻井　同感です。安倍首相は他の首相ができなかったことをしたのです。このことは非常に高く評価しています。問題はその意味がわからないメディアにあります。靖国神社に首相が参拝できない。国家としてそんなことでいいのだろうか、いかなる国でもそのようなことはあり得ない、独立国家として靖国参拝をどのように行うべきか、責任あるメディアとしてどのような主張をすべきか、その種の意識が全く感じられません。政治家にも、中国であれ、米国であれ、他国に意見を聞く前に日本国としての判断がある、といった当たり前の国家としての意識が欠如しているのではないでしょうか。

田久保　ジャーナリズムに国家観がないんですよ。国家イコール悪。国家を代表する政治家に反対することが彼らの目的になってしまっている。靖国神社参拝で中国が怒れば、どんなに参拝に意義があっても「中国を怒らせた」「米国を怒らせた」「安倍が悪い」となってしまう。要するに今の新聞は判断基準が完全に狂っているのです。国家の指導者の足を引っ張るのであれば、どこの国と結ぼうが、どこのどういう勢力と手を組もうが手段は選ばない。そういう意識だと思いますよ。

櫻井　韓国の朴槿恵大統領に多くの日本人が疑問を抱いています。「この人はやはり相当おかしい」と。韓国はいま、大変な危機の中にある。北朝鮮がいつ暴発するかわからない。そこに中国がいつ入ってくるかもわからない。下手をすると冊封体制の中で朝貢していた時代のように事実上中国の属国に引き戻されるかもしれない。最大の国家の危機といっていいと思います。

そういうなかで日本や米国は、韓国の味方になり得る存在です。北朝鮮の脅威に抗して、韓国が民主主義や自由、法の支配といった私たちが大切に考えている普遍的な価値観を守る際に、手を貸す味方の国です。

韓国の未来を考えれば、というより、韓国という国家の存続を考えた場合、日本と米国の協力は必要不可欠です。にもかかわらず、いま韓国ではありもしなかった慰安婦強制連行を「性奴隷問題」として取り上げ、世界中に日本の悪口を言って回っています。日本との首脳会談に何重もの条件を突きつける。こういう光景に、なんと彼女は愚かな大統領かと良識ある人は見ている。彼女は国家の危機に向き合おうともせず、根拠がなく、つまらないことにうつつを抜かしているからです。

しかし、翻って考えると日本のメディアや日本の野党がしていることは、朴大統領がしていることと基本的に違いがないのです。中国の脅威が眼前に迫っているなかで米国ともきちんと協調していかなければいけない。内向きの米国をいかに説得して、この地域、海域にプレゼンスを留めておくか。そのために日本はしっかりとした国にならなければならない。ところが、そういう国を目指している安倍首相について軍国主義者、ナショナリスト呼ばわりです。まさしく国家観が欠如した光景です。

今、巷で言われている「国家」は単なる政府という意味でしかない、しかし国家を、政府というレベルだけでとらえることはできません。何千年も続いてきた価値観や日本民族が守ってきたもの、民族の魂などを含めた運命共同体が国家です。これが「国家」の本当の意味だと「国民の憲法」も言っています。戦後の論争における国家は「日本政府」のレベルにとどまっており、民族や価値観の揺籃《ようらん》としての「国家」はどこかに置き去りにされてきた。それが今のマスコミや軽薄な政治の実態につながっています。

日本を対等な国と見ていない米国

田久保　靖国神社へ安倍首相が参拝した翌々日に米国ではニューヨーク・タイムズが「Risky Nationalism in Japan」と題する社説を出しました。日本語ではリスクの多い危険な日本のナショナリズムですよね。私から見ると、世界で一番、ナショナリズムがないのは日本であって、安倍さんはそこを少し正常化しようとしているだけです。この論理に倣えば、中国も米国もナショナリズムになる。日本が普通の国になるべく一ミリでも動くと、ナショナリストと批判するのです。一説によると、日本人の左翼がニューヨーク・タイムズの論説委員に採用されているらしい。

私はニューヨーク・タイムズやワシントン・ポスト、ウォール・ストリート・ジャーナル、イギリスのザ・ガーディアン、ザ・タイムズ、フィナンシャル・タイムズなどを取り寄せてみたのですが、押しなべて安倍首相はナショナリストで悪いと書かれている。ウォール・ストリート・ジャーナルは東京発の記事がおかしい。実に奇妙な論理が横行しており、日本のナショナリズムが悪くて他のナショナリズムはいいのかといいたくなります。

櫻井　ニューヨーク・タイムズの社説や記事を読んでいると、朝日新聞が書いていることをそのまま英訳したような記事が実はとても多い。しかし、記事を書いた人が日本のことを本当の意味で勉強しているかというと、ほとんど勉強していないと思います。日本の記者も思い込みで書いている場合が多いわけですから、思い込みの二重奏、三重奏となっています。なぜ、日本の実態を反映しない、一方的な思い込みの日本非難が渦巻くのか。その責任の一旦は、日本の主張をきちんと展開することも、事実を伝えることも怠ってきた日本政府やメディアにあります。メディアに至っては朝日新聞のように、到底許せない虚偽を長年にわたって報じ、放置してきたのですから。こうした間違った情報が国際社会に拡散されるのは、非常に問題です。これは武器こそ用いていませんが、世論戦という戦争です。

田久保　米国には伝統的に強い日本を望むストロングジャパン派と日本を封じ込めておくべきだとするウィークジャパン派がそれぞれ存在しています。ウィークジャパン派とは、日本を封じ込め、弱い国である方が望ましいと考える流れで、古くはＧＨＱで日本国憲法草案作成を指揮したホイットニー以来、米国社会に脈々と流れています。ニューヨーク・タイムズやワシントン・ポストの報道ぶりをみると、今ウィークジャパン派の勢力がこうした両紙に結集しているといわざるをえませんね。

ウィークジャパン派の特徴は、民主党のリベラルに強く流れています。その民主党のリベラルの代表こそオバマ大統領なのです。クリントン政権で大統領補佐官だったスーザン・ライスや国連大使だったサマンサ・パワー、バイデン副大統領、ケリー国務長官、民主党の下院議長だった……、

櫻井　ナンシー・ペロシ。

田久保　それから慰安婦で二〇〇七年に米下院で出された対日非難決議を主導したマイク・ホンダもそう。彼はオバマ大統領と親しい仲です。慰安婦問題や戦後補償で彼の影響力がオバマに及ぶと、非常に危険な日米関係に向かうのではないかという気がして仕方がないんですね。

櫻井　同じナショナリズムでも、米国の政治家もメディアも、日本と中国のナショナリズムは決して同じ扱いをしないのです。中国のナショナリズムには目をつぶるが、日本のナショナリズムには目くじらを立てます。そうした不公平な見方は、中国を自分たちと対等な国と見做す考えに根ざしており、日本を対等な相手とは位置づけないのです。占領後になっても、米国

は日本をまだ米国の属国のように見做《みな》しがちです。中国はいざとなれば「がつんとやるぞ」という気概をそれなりに持っていますが、日本にはその種の気概がまったくなく、「とにかく日米安保条約を守りましょう」としか言って来なかった。私も日米安保条約は一番重要だと言い続けていますが、米国から見れば日本は決して刃向うことがない相手だという位置づけなのでしょう。

だから米国は日本には容易に注文をつけられますが、中国には同じことができない。そんなことをすれば、かなりのしっぺ返しが来る。だからこそ中国は自らを米国と対等の国だと考えてしまう。中国はこれを新しい大国間関係と表現していますね。

オバマ大統領はチベット問題でもチベットの独立は支持しないけれど、人権は守ってやってくれという大変妥協的な言い方をします。その場合、いま殺されている人たち、弾圧されている人たちはどうなるのか。それは決して言わないのです。オバマ大統領は抽象的な概念の問題として人権を論ずるばかりで、幾百、幾千という現実の生身の人間が苦しんでいる具体例には触れないのです。

ナンシー・ペロシは熱心な人権派ですが、中国を訪れたとき、人権の話題を持ち出さなかった。そのことを米国内で非難されました。前国務長官のヒラリー・クリントンも最初に中国に行ったときは人権の話題を口にしなかったとして非難されました。仮に日本で少数民族が虐殺されたら、もの凄い国際的非難の渦にさらされるでしょう。しかし、それが日常茶飯事として発生している中国には、米国の政治家たちは物を言わないのです。

前述したように米国から見れば日本はかつて占領した被占領国です。「言うことを聞く日本と聞かせる米国」という気分は、いまも続いていると思います。例えば、キッシンジャーと周恩来の機密会談でキッシンジャーは周恩来に「在日米軍は中国に向けたものではない、閣下」と言い、「在日米軍は日本の軍事的暴走を抑えるためです」と明確に言っていました。この発言はわずか四十年前、一九七一年です。それは今も続いていると思います。

アメリカの同盟国が悲鳴を上げている

田久保　米国の主敵が誰なのか。いまのオバマ政権はわからなくなっている。二〇一四年二月四日付のウォール・ストリート・ジャーナルに、マイケル・オースリン氏がすごいことを書いています。私がちょうど言いたかったことです。

米国のアジアに対するピボット政策批判です。イラクから米国は兵を引き揚げ、アフガニスタンからは年内に撤退する。そこでアジアを重視すると言いながら、米国は台頭してきた中国には何もせずあたかも張子の虎と化してしまった。外交には相手と握手しながら話し合いで解決を図る部分とその裏付けとなる軍事力の両面がある。ところが、軍事力を全然使わず、「世界の警察官をやめた」と宣言してしまうと外交のツールは話し合いだけになってしまう。それは見せかけだけ虚勢を張って実際には何もしない張子の虎のようなものじゃないか、というのです。

米国は民主主義や自由主義、人権、あるいは法治といったことを中国にがんがん言っているのか。言っていないではないか。それでは同盟国がみんな悲鳴を上げてしまうよという痛烈な言い方でオバマ大統領を批判しているのです。

フィリピンがそうだ。スカボロー礁に二〇一二年、中国が出てきた。フィリピンは軍艦その他を出し、対立したが、米国が調停に立って「軍を退け」という。たまたま台風があって退いたのだが、居残ったのは中国だった。スカボロー礁は中国に実効支配されてしまった。こういう時こそ、米国は中国を押し返さなければならないのに米国は見かけ倒しの張子の虎と化している。フィリピンだけではない。インドのジャンム・カシミール州やアルナチャルプラデシュ州だってそうだ。要するにこれでは国際秩序がガタガタになってしまうと警鐘を鳴らしている。冒頭の問題に戻ると、日本のマスメディアは鼻に止まった蝿ばかり見ていて、われわれを脅かす国際的条件は何なのか。さっぱりわかってないし、考えようともしていないのです。

櫻井　中東でもアメリカ離れが始まっています。アジアでもそうです。オバマが二〇一三年九月十日に全米向けにシリアに介入しないとスピーチして、その中で「米国は世界の警察官ではない」と言った。米国が内向きになる傾向はこれからしばらくの間、続くでしょう。ただ、米国はあまりに大きな国で、白から黒へ、黒から白へといった短絡な変化がすぐに起きることはもちろんあり得ない。トレンドとしてそちら方向に進むという話です。しかし、米国の対外コミットメントが下がっていくことは明白です。明らかなのは、日本を守るために、いま日本自身が憲法改正を筆頭に、変わらないといけない。これほど切実に日本国のあり方を根本から変えるよう迫られているのは、戦後初めてのことです。米国の変化を日本のメディアも十分に知っているはずです。にもかかわらず、それがわが国にどのような影響をもたらすかについての議論は不十分です。現実に沿って考えない日本の超観念論は、一体どうしてなのかと思います。

なぜ米国はだらしなくなったのか

田久保　米国がなぜいまのようなだらしない状態になったのか。私は三つの切口で考えてみようと思います。一つは国力が衰退しているのか、二番目は孤立主義に戻りつつあるのか、三番目はオバマの特殊性で一過性のものなのか。

第一の国力に関しては、日本では米国の衰退論が非常に盛んですが、米国は国力という意味では決して衰退はしていません。経済では世界の人口のわずか四%を占めるに過ぎない米国が世界のＧＤＰの四分の一を保持し続けている。依然基軸通貨はドルです。米国経済が悪い、悪いと言う日本の人はたくさんいるが、米国経済に比べれば日本経済のほうがよっぽど危ないと私は思います。米国経済が揺らぐと、世界経済がパニックになる。米国はそのことを十分認識している。

軍事力は依然世界のダントツで、軍事費も中国の五倍から六倍あります。世界的な軍事力展開を戦後続けてきたのでノウハウだって一番です。兵器だって最も近代的だし何よりも米国の国民は軍人を非常に尊敬している。これが日本とは対照的な点です。米国の軍事力は軍事費が削減される方向にあるのは確かですが、衰えていないと思います。

技術面でもハイテク、ナノテク、バイオテクノロジー、これらで米国と並び立つ国はないだろうと思います。教育面でも、スイスの教育格付け機構の評価でビッグ10の内七つが米国の大学だった。日本の最高の東京大学でさえ、二十番目より下です。情報力にしてもインテリジェンスを含めて、アメリカに並び立つ国は、おそらく自由世界ではないでしょう。そうするとアメリカの国力のいったい何が衰退しているのか。だから衰退論は当たらないと私は思うのです。絶対的衰退ではなく、相対的な衰退とは言えるでしょう。中国、インド、ブラジルなどの国力が上がったからです。これを取り違えてはいけない。

二番目に挙げた孤立主義、つまりモンロー・ドクトリンにも二つの原則があるのです。モンロー・ドクトリンというのは一八二三年当時、米国の裏庭である中南米に英国とフランスがちょっかいを出してきた。これにノーとモンローは言った。その代わり米国も外に出ていかないというものです。

確かに兵を退くのもモンロー・ドクトリンで説明されるのですが、ただ、これに合致するような完全な撤退例はむしろ非常に稀です。朝鮮戦争の後のアイゼンハワーは兵を退いた。それからベトナム戦争のときにニクソンがニクソン・ドクトリンでアジアにおける米地上戦闘部隊を撤退させた。

逆にアフガニスタン・イラクでは兵を増やしました。ブッシュ大統領のときでした。ブッシュ批判で当選したオバマがやったのはそのまた逆でイラクとアフガニスタンからの撤兵です。軍隊の展開や撤退の規模もさまざまで一概に孤立主義だと決めつけられません。が、結果的に孤立主義になるという事態はあるでしょう。

最後にリベラル思考のオバマの個人的な資質に起因するか否かにはなりますが、私はオバマ個人の特殊性と海外に展開しすぎた兵力を縮めるという要素が二つ重なっているのが、今の現象ではないかなと観察しています。

櫻井　日米安保体制に日本は守られてきた。社民党は前身の社会党のときから、安保にも憲法改正にも反対してきました。日本が軍事力を持てばアメリカの戦争に引きずりこまれると言っていました。いま、米国が言い始めたのは「もうわれわれは引きずり込まれたくないんだ」ということですね。百八十度変わった状況の中に私たちがいて、しかも米国の撤退によって生じる軍事的な空白、国際政治における空白に、間髪をいれないタイミングで中国が入り込んできているという現実を考えれば、集団的自衛権にせよ憲法改正にせよ一刻の猶予もならないのです。特定秘密保護法も一刻の猶予もならないと思うのが普通です。別に国際政治の専門家でなくても、ふつうの家庭の主婦でもみんなよくわかることだと思います。誰にでもわかるはずの世界の現実、その現実が見せている常識を日本のメディアも日本の一部の政治家たちも見ない。摩訶不思議な光景です。現実を見ない人々が構成する国家に難局を乗り越えることなどできません。そういう意味で日本は戦後最大の危機の中にありますね。

米国は中国との「新型大国間関係」に乗り出した

田久保　日本の運命にとって重大なのは、米中が仲違いするのか、仲良くなるのか、それともいまのままか。三つのケースでそれぞれ憲法改正にせよ、集団的自衛権にせよ対応が違ってくると思うんですよ。

一九六四年にニクソンがリタイアした吉田茂を大磯に訪ねたときに、吉田は何気なく「ニクソンさん、まさか米国は中共を承認するわけじゃないでしょうね」と聞いたそうです。ニクソンが回想録で明かしているのですが、「自分はわざと口を濁した」というのです。そばにいた朝海浩一郎元駐米大使は自分の在任中に一番苦労したのは、米国が日本の頭越しに何か中国とやろうとしたことだったというんですね。

この頭越しがいまあるかどうか。私がいま、関心を持っていることでもあります。例えば二〇一三年六月、サンフランシスコで米中首脳会談をやったとき、習近平が米国との「新型大国間関係」ということを何気なく言っているのですが、よく調べてみると、オバマはこれにOKしているんです。

もっと遡ると、二〇〇七年、第二回戦略・経済対話がワシントンであったときには胡錦濤も言っている。

米国の太平洋軍司令官のティモシー・キーティングが二〇〇八年に中国の軍幹部と話していたら、その幹部がハワイの東側は米国、西はわれわれが取り仕切ると言ったというんです。これが「新型大国間関係」の思想に表れていると思う。二〇一三年十一月、スーザン・ライスが演説で「新型大国間関係を機能させるように努力しなければいけない」というスピーチをしている。

何が起こりつつあるのか。これは事実上、米中の馴れ合いが始まっているということではないのか。

米国の変化について中東では悲鳴があがってますね。イスラエルはもう自らの防衛は自らでと言っています。イラン、イラクの天敵だったサウジアラビアはオバマを後ろ盾にしていたが、そのオバマがイランと交渉を始めたとなるとどうしようもなくなっている。

そんな矢先にウクライナをめぐってロシアと日米欧の対立の構図が浮び上がってきた。ロシアが国際秩序の現状を軍事力を背景に変更してしまった。静かだったはずの欧州が脚光を浴びてきました。軍事力を背景に北方四島を編入された日本は米欧よりも声を大にしてロシア批判をしていい。遠回りのようだが四島返還につながると思います。クリミア併合にヒントを得て中国が尖閣に何かを仕掛ける事態も考えておいた方がいい。

櫻井　いまのような世界全体の読みを日本国のメディアで示しているところがほとんどありません。日本ではＮＳＣが創設されましたけれども、そういう組織が情報を集めて戦略を考えなければいけない。ところがそこまで機能しているように見えない。日本国はいままで国家として自分自身の頭で考えてくることがなかった。いつも米国の行く方向を見ながら自分の方向を決めれば、まあまあ、危機を回避することができたという状況が継続してきたからだろうと思いますね。

だから、そのような能力をまず磨いて、問題意識を持たなければ生き残れないというところに私たちは立たされている。あまりにもその意識が社会全体で共有されていないことに危機感を感じます。

平成の大東亜共栄圏構想を

櫻井　田久保さんに御意見を伺いたいのは、米国と中国が新たな大国間関係を実質的に進める動きが明らかなかたちで表面に出てきたときに、日本は自らをどう位置づけていき得るのかという点です。

中国が中国共産党一党支配の下で米国と新たな大国間関係を築いても、究極的にうまくいかないと、私は考えています。今の習近平体制を見ても民主的な方向とは反対方向に進んでいます。言論の自由は認められない。人権派の弁護士は次々に逮捕され、強硬手段がさらに強くなっている。南シナ海や東シナ海での無法な振る舞いも、米国と並走、協力しあいながら大国間関係を築くことを困難にする。中国の在り方はこの地域を治める関係構築への妨げとなると思います。

だからこそそのような中国を逆手に取り、オーストラリアや東南アジア、インドにまで手を伸ばし、場合によっては中央アジアまで手を伸ばした体制を安倍政権はいま一生懸命つくろうとしているわけです。

そうやって日本の存在を知らしめていくことが日本の道なのではないかと考えますが、米国は果たしてどこまで中国と協調していけると考えているのか。

田久保　その点、米国は非常に慎重に進めていくと思いますよ。一つは中国との間で新型大国間関係を進めていく。しかし、他方で米国は日米や米韓、米比、米タイ、米豪など同盟関係を抱えている。台湾は現状維持を続けるでしょう。これらの国々との関係が緩んでしまうことも米国にとって重大事態なのです。

中国と関係を深めつつも五ヵ国との関係強化も図っていく。これが二〇一四年四月のオバマ訪日の最大の目玉だったのではないかと私は思うのです。その場合、日本が気をつけなければならないのは、新型大国間関係には「核心的利益の相互尊重」という内容があるのです。例えば崔天凱という駐米大使が書いた新型大国間関係に関する文章には「お互いの核心的利益を尊重しましょう」というくだりがある。オバマと中国がこれを話し合っているとしたらもう一大事です。

問題は何が核心的利益か。中国ははじめ台湾だった。これが新疆《しんきょう》ウイグル自治区とチベット自治区に、さらに南シナ海になった。二〇一三年になると、中国外務省の副報道官が尖閣も核心的利益に含まれると公式に言ったのです。米国がそれを認めてしまえば、日米同盟が完全に意味をなさなくなるでしょう。ここのところをきちっと日米同盟で押えておかなければ危ないのです。

それからもう一つ、米国の中国接近にはやっぱり限度があると思う。オバマの周辺には人権専門家が非常に多いのです。中国と相容れないですよ。イデオロギーでも米国は一党独裁と相容れない。民主主義、自由主義と中国とは完全に体制上の違いがあって、お互いの計算に基づく「戦略的結婚」だと私は思うんです。内容はまだ明らかになっていませんが。

これからオバマは同盟国向けと中国向けに同時並行的な外交をやってくるだろうと思います。では日本はどうするか。米国に対して「私たちにもアイデンティティがありますよ」と言わなければいけない。今度の靖国訪問がよかったというのはそういう主体性という点でもよかったと、こういう意味なのです。

私は「平成の大東亜共栄圏」でも日本はやってみたらいいんじゃないかと思う。中国は抜き、朝鮮半島も韓国がイヤなら抜く。日本列島から台湾、フィリピンに至ってインドシナ半島ではベトナム、タイ、シンガポールやミャンマー、ＡＳＥＡＮの国を抱え込みながら豪州とインドに至る。もちろん大御所の米国が中心です。こういう構想を日本が築くのがいいのではないかと言いたいんですよ。

実際に安倍首相が実行しているのは、南太平洋の島嶼《とうしょ》国家を含めたアジア全体の俯瞰外交でしょう。これまでの首相は誰もこんな外交はやっていません。

櫻井　日本が世界戦略を考えるうえで非常に大切な事件として、ロシアによるクリミア半島の併合があります。安倍首相は米国やEUからは少し遅れましたが、二〇一四年三月十九日、ロシアの侵攻は「ウクライナの統一性、主権や領土の一体性を侵害するものであり、非難する」と明快に語りました。北方四島をめぐる日ロ交渉が進んでいたとの情報もある中でのこの「非難」は正しいと思います。日本政府は価値観の軸において揺らいではならないと思います。北方四島問題は尖閣諸島にも竹島にも通底する問題で、ここで日本はしっかりと原則を守ってみせなければならないと考えます。

中国と韓国との間でいつも問題になるのが、歴史問題です。中国と韓国が国家戦略としてこの歴史問題を武器として日本非難に使っている。米国でも慰安婦の像を各地に建てています。しかし、日本維新の会が国会で石原信雄さんを証人として呼び、慰安婦問題をめぐる河野談話も検証していくことになりました。日本は事実を掘り起こしていくという戦略を立てましたが、これは正解です。

また、二〇一四年八月には、朝日新聞が三十二年の長きにわたって事実上放置してきた吉田清治という人物の嘘を認めました。自ら、軍命で朝鮮から女性たちを強制連行して慰安婦にしたという告白をした吉田氏を朝日は大きく報道したわけですが、これら一連の報道を取り消すと発表しましたね。強制連行の根拠となってきた吉田発言を虚偽と朝日が認めたことは重要なことです。

歴史については日本だけが事実を捏造していません。朝鮮半島と中国は捏造し続けているわけです。事実を掘り起こせば、事実こそ、日本にとって最大の味方になる。事実を以ってアメリカにも提示をする、国際社会に提示をすれば、この戦いを勝ち取ることができるかもしれない端緒にわれわれはいま立っていると思います。

そのような戦いを続けながら、他の国々との関係を深めていく。平成の大東亜共栄圏と田久保さんは言われました。日本国の価値観を信じて国際戦略を練っていけば、日本は負けないと私は思います。二十一世紀の価値観にどういうものがふさわしいか。それは日本の歴史の中で育まれてきた、この上なく人間を大事にする、人間中心の価値観です。日本ではこうした思想が七世紀には確立されていました。中国にはいまだにそうした考え方がない。ですからこの素晴らしい日本国の価値観が二十一世紀の人類のモデルになる。またそうなることが、アジアの一番の幸せだと信じています。

■揺れ動く歴史認識問題の変質に注視せよ

ジャーナリスト
櫻井よしこ

■さくらい よしこ

昭和二十(一九四五)年、ハノイ生まれ。ハワイ大学歴史学部卒。『クリスチャンサイエンスモニター』紙の東京支局助手としてジャーナリズムの仕事を始め、アジア新聞財団「DEPTHNEWS」の記者、東京支局長、NTVニュースキャスターを経て現在に至る。平成十九年にシンクタンク「国家基本問題研究所」を設立。女性放送者懇談会賞、大宅壮一ノンフィクション賞、菊池寛賞、正論大賞を受賞。近著に『日本人の魂と新島八重』『中国に立ち向かう覚悟』。

歴史観こそ国家観

日本の正念場である。これまで主として、少なくとも正式には韓国、中国との問題だった歴史認識問題が、二〇一三年一二月、米国務省が初めて不快感を表すなど米国を巻き込んだ軋轢《あつれき》となりつつある。私たちはいま改めて、歴史とはなにか、歴史観の一致は可能かという問いについて考え、同時に、日米相互理解を深める方策を模索しなければならない。

歴史観が国家観と一体であるのは言うまでもない。歴史観とは自分たちが何者であるかを確認する民族の語り伝えである。先人の体験を引き継ぎ、先人たちが守ってきた価値観を学び、帰属意識を醸成するのが歴史の伝承である。多くの個性豊かな国が構成する国際社会で、歴史観の一致、即ち、国家観の一致は不可能である。にも拘わらず、「日本は正しい歴史認識」を持てと韓国の朴槿恵大統領は要求し続ける。だが、正しい歴史認識や正しい歴史観というもの自体が存在し得ないのである。どこに基本的な軸足を置くかによって、歴史は異なる様相を見せる。従って事実の検証は可能だが、歴史観の正しさの検証は不可能である。まさにこのような実現不可能な要求が、米国を舞台にして日本に突きつけられている。

中国も韓国も、今日のような状況の出現を目論んで、長年、歴史問題を取り上げる主舞台として、米国をターゲットにしてきた。中国政府の対外広報予算は九〇〇〇億円を超えるが、その巨額の予算はシンクタンク、大学、研究者、シンポジウム、孔子学院、中国版ＣＮＮといわれる全米ネット報道などに費やされている。中国の視点に基づいた情報が、常時、継続して大量に米国に注入されている中で米国の世論が形成されれば、中国が直接関わらなくとも、米国が日本批判の役割を担い、日本の影響力を殺ぐ結果を生み出す。

日本を狙い撃ちするために、中国の世界戦略の基本である「三戦（世論戦、心理戦、法律戦）」が展開されていると見てよいだろう。

一方、韓国は後に詳述する独特な歴史観で反日を国家の価値観の柱としてきた感がある。そのような歴史観を身につけた韓国人勢力が米国で活発なロビー活動を展開し、とりわけ慰安婦問題で、二〇万人の女性の強制連行、女性たちの奴隷扱い、その大半の女性の殺害など、明らかに事実に反する情報を喧伝し続ける。結果として米国連邦議会の下院、各州議会などで日本非難の決議が可決されてきた。

中韓両国の凄まじい情報活動とは対照的に、日本は国際社会に、就中《なかんづく》、同盟国の米国にも、十分な説明と主張を展開してこなかった。政治的配慮という美名の下で、外務省はひたすら摩擦回避に動き、強制連行も奴隷的扱いも虚構であるという主張をしてこなかった。歴代の政権も軋轢を恐れて事実をもって反論することなく、とに角、謝罪するという類の不必要な譲歩を重ねてきた。孤軍奮闘を続けたのは少数の学者や研究者だった。結果、日本は誤解されたまま孤立を深めてきた。

ところが、二〇一四年八月、慰安婦問題について大きな転機が訪れた。慰安婦問題に関する国際社会の誤解の元凶といってよい『朝日新聞』が、長年の報道を振り返り、慰安婦を強制連行したと語った吉田清治氏の証言を「虚偽」だったと、初めて認め、同件に関して報道した朝日の記事を取り消すと公表したのだ。

最初の吉田報道から三二年後の取り消しは余りにも遅く、また、その検証記事は多くの点で論点をすり替える姑息な内容である。それでも確かなことは、慰安婦強制連行の根拠が崩れたという点だ。朝日の訂正記事は、しかし、まだ、国際社会に周知されていない。慰安婦の強制連行はなかったということを、改めて国際社会に周知徹底させ、日本に対する歴史非難を打ち消していくことが、いまや日本の最重要の課題である。

歴史を巡る戦いはアメリカを主舞台として行われており、日本にとって、同盟国である米国に事実関係をきちんと伝え、理解を促し、日本国の根幹に関わる価値観を守り通すこと。それができるか否かが、今後日本が独立自存の国に立ち戻れるか否かを決するだろう。

米中韓の結束という最悪の事態

靖国神社問題から始まり、慰安婦問題へ、さらに米国務省による日本批判へと、歴史問題がかつてない次元にまで拡大され歪曲され、米中韓三国が結束するかのような最悪の事態は一体、どのようにして生まれたのか。一連の経過を振り返ってみる。

二〇一三年四月二一日、首相が春の例大祭で靖国神社に真榊を奉納し、麻生太郎副総理と古屋圭司拉致担当相らが参拝すると、中韓両国は即反発した。韓国は同月二二日、外相の訪日見送りを発表し、中国外務省は高村正彦自民党副総裁が会長を務める日中友好議員連盟の訪中を事実上拒否した。

二四日、首相が「国のために尊い命を落とした英霊に尊崇の念を表するのは当たり前だ。わが閣僚はどんな脅かしにも屈しない」と国会で答弁すると、翌二五日には、中韓両国が日本は戦後の国際秩序を否定している、理解し難いと発表した。

中韓に共鳴する形で日本のメディア、とりわけ『朝日新聞』の活発な批判も始まった。同紙は四月二三日、二四日、二六日と立て続けに社説で安倍首相の歴史観への批判を展開した。歴史問題はおよそいつも国内メディアが中韓両国と同じ立場に立って先鋭的に煽るという型を辿るのである。二〇一三年四月も例外ではなかった。国会では野党がこうした批判に呼応して安倍首相に村山談話を否定するのかと、議論を挑み続けた。

その間、欧米諸国では四月二三日に『ニューヨーク・タイムズ』（NYT）紙、二四日には『フォーリン・ポリシー』（FP）誌、二六日には『ワシントン・ポスト』（WP）紙と『ウォール・ストリート・ジャーナル』（WSJ）紙、二八日には『フィナンシャル・タイムズ』（FT）紙、さらに五月一日には米議会調査局が、立て続けに安倍首相の歴史認識を問題視する社説及び主張を掲げた。

NYT紙の社説は「日本の不必要なナショナリズム」という見出しで、尖閣、北朝鮮問題で中韓両国と協力しなければならないときに、両国の憎しみに火をつけるようなことは「向こう見ず」だと批判した。そのうえで、首相は「歴史の傷を悪化させるのではなく、長期低迷の日本経済を改善し、アジア及びそれを越える次元で主要な民主主義国としての役割を高めることに集中すべきだ」と主張している。

同紙は二〇一三年一月四日に、「安倍氏の恥知らずな衝動（shameful impulses）」という社説を掲載し、首相を「右翼の民族主義者」と断じた。「（日本国の）犯罪の如何なる否定も（日本国の）謝罪の如何なる希薄化も、日本の残忍な（brutal）戦時支配に苦しんだ韓国、中国、フィリピンなどを激怒させるだろう」として、全文三五行の社説に「性奴隷」「右翼」「民族主義者」「修正主義」「恥知らず」など、眉をひそめる〝修辞〟を多出させた無教養な社説だった。

FP誌はクライド・プレストウィッツ氏の寄稿を載せた。氏は米経済戦略研究所所長であり、かつてレーガン政権で商務省特別補佐官を務めた。往年の厳しい対日言辞を思い起こさせる舌鋒の鋭さで氏は、ドイツにたとえれば靖国神社はナチスを祭った神社のようなもので、米国民がそのことに気づけば、首相の靖国参拝は即、日米同盟を無に帰すという激しい内容となっている。

WP紙も日本とドイツを比べ、ドイツが「正直に歴史に向き合った」のとは対照的に「なぜ幾人かの日本人は歴史の事実を認められないのか」と問うた。

同社説には幾つか、正確さに欠ける箇所がある。たとえば安倍氏の首相奪還の時期を「昨秋」とし、ドイツが歴史に「正直に」向き合ったという。首相は昨秋ではなく一二月二六日、年末に首相に返り咲いた。ドイツ国民も政治家もヒトラーに戦争責任を負わせ、あれほど熱烈に何年にもわたってヒトラーを支持したこととは無関係のように振る舞っているが、日本人はこれを「正直」とは言わない。

にも拘わらず、WP紙は中韓両国による歴史の歪曲を指摘し、安倍首相は歴史問題よりも改革を進めよ、と、NYT紙同様、経済に集中せよと主張するのである。

突出して粗雑な表現を用いたのが英国のFT紙だった。「安倍首相の内なるナショナリズムの悪霊」(demon)と書き、高支持率の首相が「遂にその仮面を外した」「安倍の考え方は不愉快」「靖国神社は天皇崇拝の国粋主義のカルトの場」などと述べた揚げ句、首相に「自分の仕事をしていろ」と命じているが、このような粗雑な社説を掲げるメディアが、果たしてその評判どおり、世界の一流紙なのか、大いに疑問である。

対日非難は都合によって多様な形に

国際社会に大きな影響を及ぼす各紙の論説や記事をひとまとめにすることは出来ないが、ひとつ、確信を持って指摘出来るのは、そうしたメディアの厳しい対日評価が必ずしも正確な歴史の知識から生まれたものではないということだ。慰安婦や「南京大虐殺」などについての主張は、単なる中韓両国の情報を反映しているにすぎない。日本は、彼らが中韓の情報戦略に搦《から》めとられていることを深刻に受け止めなければならないと同時に、彼らが中韓両国の抱える問題にも気づいている点に留意したい。その結果、各紙の論調は安倍首相は歴史にこだわらず、いまのところ順調な経済力の更なる回復に努めよ、優先順位を間違うなと、助言する姿勢を見せていることである。

彼らのこの種の〝助言〟は、しかし、彼らの許容する枠内に日本がとどまる限りは前向きに評価するが、その枠を超えようとするとき、非常に厳しい対日批判につながるという性格のものである。

こうした中、二〇一三年五月三日にシーファー前駐日大使がワシントンで開かれた日米関係のシンポジウムで首相の靖国神社参拝に一定の理解を示しながらも、慰安婦問題に関しては「如何なる正当化も出来ない」と厳しく語った。

日本に対する歴史非難はその時の状況や中韓両国の都合によって、或いは日本国内の動きによって多様な形をとる。二〇一三年春の段階では、歴史問題の焦点は靖国神社問題から慰安婦問題へと移っていった。それにつれて、安倍首相は徐々に主張を後退させた。たとえば、五月一五日、過去の「植民地支配」と「侵略」を認めた平成七年の「村山談話」に関して、「過去の政権の姿勢を全体として受け継いでいく。歴代内閣（の談話）を安倍内閣としても引き継ぐ立場だ」と述べたが、これは四月二二日、参院予算委員会で発した「安倍内閣としてそのまま継承しているわけではない」という発言とは、明らかに異なる。四月二二日の発言を首相は否定するのだろうかと問わざるを得ない。

この種の真っ当な問いは、しかし、日本維新の会共同代表、橋下徹氏の慰安婦発言が飛び出たことによって深く吟味されることがなく、脇に押しやられた。橋下氏は五月一三日、戦時において女性の性を利用したのは日本軍だけではなかった、にも拘わらず、なぜ日本だけが非難されるのかという、心の中で多くの日本人が抱いている疑問を発するとともに、さらに踏み込んで、在沖縄米軍司令官に、米軍兵士に性犯罪を起こさせないために風俗業の活用を促したと語ったのだ。ただでさえ対日非難の厳しい国際メディアが、とりわけ、橋下発言の後半部分に反発するのは目に見えている。橋下発言は国際社会の顰蹙《ひんしゅく》を買い、その衝激の強さに安倍首相発言も含めてその余の発言は全て霞んでしまったのである。

慰安婦問題の性格が変化

この段階で安倍首相にとって潮目を変えるインタビュー記事が米外交専門誌『フォーリン・アフェアーズ』（FA）の二〇一三年五月一六日の電子版に掲載された。「日本は戻ってきた—安倍晋三との会話」と題された記事で、首相は靖国問題への姿勢も含めて「政権六か月で、（日本経済再生の野心的な試みは）結果をもたらしつつある」と好意的に紹介されている。

靖国神社参拝問題を問われて、首相はジョージタウン大学のケビン・ドーク教授の言葉を引用して、次のように語っている。「米国南部連邦の兵士も埋葬されているアーリントン墓地に米国大統領が詣でたからといって、それは奴隷制を是認するものではない。靖国神社に関しても同じようなことが言えるのではないか」

ＦＡ誌側が一三名の「A級戦犯」の合祀を問うと、「A級戦犯」合祀後、中韓両国は何年もの間、批判せず、ある日突然、反対し始めたと語り、参拝については「するか否かは明らかにしない」と答えている。

第一次安倍内閣でも直面した同じ問題への答えを明らかにすることなく、首相は批判の嵐をひとまず回避した。しかし実は、多くの日本人の心の中に、安倍首相は果たして参拝してくれるのかという問いが残り続けている。

歴史問題を巡る状況は本稿執筆中にも日々変化しており、これからの展開には予測し難い面がある。確かなことのひとつは、慰安婦問題の性格が変化してきたことだ。最初は日本軍や政府が組織的に女性たちを強制連行した、二〇万人だったと言われ、日本非難の根拠とされたが、それがいまや、強制連行でなくても強制的だった、生活の手段としての仕事だったのか奴隷だったのかという次元も越えて、女性の性を弄び利用したのは女性の尊厳を踏みにじるものだったとして、女性の人権問題ととらえて日本の過去を断罪する方向に向かっていることである。そのような議論になった場合、人類普遍の価値観に照らし合わせて、永遠に日本を非難し続ける構造が作られてしまう。日本の弁明は受け入れられず、他国も同じことをしたと言っても、通用しにくくなる。橋下氏の発言には、不幸にもそのような方向への変化を促しかねない側面がある。

近隣諸国条項という大失策

時がすぎるにつれてより明確になったことは、一九八〇年代初期から顕著になった歴史認識での対日批判は、中韓両国の政治的思惑の中で拡大再生産されてきたということだ。中韓両国と日本の一部マスメディアが連携して展開した歴史の政治利用にすぎない。

歴史問題、とりわけ靖国神社問題という日本人の心の問題に、乱暴に政治が介入し続けているのである。だからこそ、首相には確固として踏みとどまることが求められる。国民も同様である。その思いで二〇一三年五月に、国家基本問題研究所（国基研）は「内政干渉を押し返す気構えが国民の一人ひとりに求められている」という意見広告を全国紙に掲載した。その概要は以下のとおりだった。

●首相が述べたように『国のために尊い命を落とした英霊に尊崇の念を表するのは当たり前』であり、靖国神社参拝は日本人の心の問題である

●政治家の靖国参拝を、ある時期から外交問題に発展させてきた中韓両国、それを煽り立てる一部マスメディア、そして物言わぬ日本人の側にこそ問題の根がある

●中韓両国との信頼構築は大切だが、摩擦を起こさないことを国益とみなす事なかれ主義に埋没した日本政府が、不必要な譲歩を重ねて事態をこじらせた

●日本と中国・韓国との関係を正常なものとするには、両国の政治的意図を見抜き、日本の姿勢を真摯に説明し、不当な内政干渉は毅然と押し返すことが肝要である
●どんな脅かしにも屈しない―これは政府のみならず、日本国民一人ひとりが求められている基本的姿勢である

不当な内政干渉を押し返すには、首相のリーダーシップだけでは不十分であろう。国家あげて叡智の結集が必要である。なぜ、靖国参拝が大事なのか、また、靖国参拝の意味は何なのかについての国民の理解と支持が欠かせない。祖国に殉じた人々に心から感謝し、その英霊の鎮魂を祈るという、どの国にとっても当然のことがなぜ、日本に許されないのか、なぜ、ある時期突然外交、政治問題に変質したのかを、私たち国民がきちんと認識しておくことが大事である。

歴史認識の軋轢の深まりは、一九八二年の「教科書書き換え事件」がきっかけである。教科書検定作業で「侵略」を「進出」に書き換えさせたということが誤報であることを、鈴木善幸首相は当初から把握していた。鈴木首相は政権と国家の名誉をかけて、内外に真実を発表させるべきだった。だが、宮澤喜一官房長官は八二年八月二六日、腰を低くして、中韓両国の批判に「十分に耳を傾け、政府の責任において是正する」という談話を発表した。結果、同年一一月には教科書編纂に当たっては近隣諸国の主張に配慮するといういわゆる近隣諸国条項が発表された。教科書への中韓の内政干渉受け入れを制度化した瞬間である。他国の歴史観に沿って

日本の子供たちを育成するという、前代未聞の国家観なき制度がつくられたのだ。いわゆる歴史認識問題が私たちに突きつけているのは、この国家観の欠如という問題そのものなのである。

鈴木首相は教科書誤報事件前年の八一年五月、レーガン米国大統領と首脳会談を行い、共同声明を発表した後で日米同盟関係には「軍事的意味合いはない」と述べた人物だ。そのような発言は、国家の根幹が軍事力であることを理解出来ず、軍事力に強い忌避感を抱いていたからこそ、なされたのであろう。国家観を欠く政治家は、経済に関心があっても、国を支えるもうひとつの柱の軍事力には向き合うことがなかったのである。

子供たちに日本人であることの意味を教える歴史教科書に他国の干渉を容易に許したのは、鈴木首相及び宮澤官房長官、加えて日本全体に国家観が欠落していたからであろう。後に、宮澤政権下で河野洋平官房長官が実は存在しなかった慰安婦の強制連行を認める発言を記者会見で行った背景にも、同じ理由が見てとれる。

いま、私たちは中韓の歴史観を反映させた歴史観を共有するよう迫られている。だが、そもそも歴史とはなにか。国家間の戦いや紛争、感情を掻き立てずにはおかない憎しみや憤りを生んだ対立が、関係諸国の国民が感情を抑制しつつ、冷静に語り合えるような「歴史」になるとはどういうことか。

柳田國男の『遠野物語』を英訳したロナルド・モース氏は「歴史になるには三世代、九〇年かかる」と、田久保、日下公人両氏との鼎談で語っている。第二次世界大戦は、その集結から七〇年足らず、まだ歴史になりきっていないと氏は指摘する。だから、時間の効用を信じて日本はもう少し耐えよというのだ。

歴史になりきれていない近現代史については感情を先行させるのでなく、合意出来ないことを認め合い、国際法に基づく合意で処理することを、人類は決定した。その合意に、責任と理性ある国家として従うしかないのである。これを当てはめれば、歴史問題を含む日韓の全ての問題は、一九六五年の日韓基本条約で、また日中間のそれは七二年の日中国交正常化における両国政府の共同声明、七八年の日中平和友好条約に従って解決するしかない。右の条約及び共同声明を読めば、日韓、日中問題は完全に解決されている。内政干渉はしないとの条項もある。

にも拘わらず、日中韓の間では、こうした国際条約さえ守られない。その例が韓国最高裁の二〇一二年五月の信じ難い判断である。韓国最高裁は「強制徴用被害者の請求権は消滅していない」との判断を示し、韓国政府が日本政府に賠償請求する道を開いたのである。私たちが相手にしているのは、このように国際条約を否定するだけでなく、およそ歴史の全体像に目を向けない韓国と、共産党のイデオロギーに従って歴史を捏造する中国なのである。

中韓が仕掛ける政治的な歴史の罠

韓国の朴槿恵大統領は就任以来、日本に、正しい歴史認識を持てと要求する。朴大統領が二〇一三年五月、外遊先の米国で対日歴史批判を展開したのは周知のとおりだ。オバマ大統領との首脳会談で日本を名指しして批判し、WP紙に対しては複数回にわたって日本批判を行った。韓国の現政権の世界観が如何に異質のものであるか、WP紙とのインタビューに沿って詳しく見てみよう。

大統領はまず、「日本人が過去の傷口を開け、傷を膿ませている。このようなことが両国関係の発展を妨げており、私は日本の反省を望む」と語った。北朝鮮問題で緊密に連携しなければならない日本について、なぜこのような批判を展開するのか。答えは、彼女の国際情勢の捉え方の中にある。

たとえば朴大統領は、アメリカのリバランス政策は北朝鮮を念頭に置いたものだという、驚くべき的外れの発言をしたのである。

米国がアジア・太平洋に重点的に軍事力を配備するリバランスは、増大する中国の脅威に備えるためという見方が主流である。だが朴大統領は中国の脅威には一言も触れない。大統領の回答を受けてWP紙が「北朝鮮の他にはどの国がこの地域の緊張をつくり出しているか」と重ねて問うたのに対し、朴大統領はこう答えた。

「領土が国家の身体なら、歴史は国家の魂です。小さな炎も大きく燃え上がり得る。だから歴史を正しく認識することが必要です」

この発言が日本を念頭に置いたものであることは、言わずもがなだろう。アジア・太平洋の緊張の原因を飽くまでも北朝鮮と日本の歴史認識にのみ求め、中国への危機感をスッポリと脱落させているのである。韓国の指導者として最重視すべきは中国の脅威であるにも拘わらず、反日思想に埋もれるあまり、真の脅威が目に入らないのであろうか。眼前の中国の脅威を脅威と感じない独特の世界観は、幾世代も冊封体制の下で中国に支配された民族の、従属精神の残《ざん》滓《し》でもあろう。

歴史教科書は敗戦の後遺症

ここで私は米国のスタンフォード大学アジア太平洋研究センター（ＡＰＡＲＣ）の行った日米中韓台五ヵ国の歴史教科書比較研究を思い出さずにいられない。同研究はＡＰＡＲＣ副所長のＤ・スナイダー氏と中基旭教授が主査を務め、満州事変からサンフランシスコ講和条約締結まで、一九三一年から五一年までの期間を、五ヵ国の高校歴史教科書がどう記述しているかを調べたものだ。

「分断された記憶・歴史教科書とアジアの戦争」の中で、スナイダー氏は民族意識の高揚だけを意図している顕著な例として、次のように韓国の教科書を挙げた。

「高校生に教えられる戦時中の叙述は、もっぱら日本の植民地統治下での人々の苛酷な体験と抵抗運動である。（中略）韓国の教科書は一九三七年の日中戦争勃発や真珠湾攻撃にはほとんど触れておらず、政府発行の主要教科書には、広島、長崎への原爆投下の記述も全くない」

韓国の記憶は「日本が自分たち（韓国）に行ったことだけ」に集中しているというのだが、同件に関して氏は二〇〇九年三月二五日号の『ＳＡＰＩＯ』でもこう語っている。

「私が驚愕した一つの例は、主要な韓国の教科書には広島・長崎への原爆投下の記述がないことだ。それほどまでに彼らは自己中心的にしか歴史を見ていない」

ちなみに氏は、歴史学の観点から見て最も問題が多いのは中国の教科書だと断じている。

「中国の教科書は全くのプロパガンダになっている。共産党のイデオロギーに満ちており、非常に政治化されている」と語り、歴史的に捏造であることが定着した田中上奏文を真実の歴史資料であるかのように二〇〇四年まで教科書に載せていたことを、驚きとともに指摘している。

私たちが闘わなければならないのは、このような無理無体な国々なのである。余程健全で強固な歴史観と国家観を身につけていない限り、彼らの仕掛ける政治的な歴史の罠に落ちかねない。だが、日本の価値観を醸成する基盤としての歴史教育は問題だらけである。スナイダー氏は書いている。

「日本の歴史教科書は愛国主義的であるどころか、愛国心をあおることが最も少ないように思われる。戦争を賛美せず、軍隊の重要性を強調せず、戦場での英雄的行為を語ってもいない。物語的な記述をほとんど省いた、無味乾燥ともいえる年代記となっている」

国際社会の一般通念とは違い、日本の教科書は「南京虐殺」も「慰安婦」も全て記述していると、氏はコメントしている。

歴史教科書は、民族の物語を教えるものであるはずだ。誇りを教え、帰属意識を育てる役割を担うのが教育だ。ところが、わが国の教科書は、「自国史について愛国主義的叙述を行うという使命において最も抑制的」だというのだ。

これこそ、敗戦の後遺症であろう。たった一度の敗戦で、私たちはここまで自己を否定し、意気消沈し、気概を失ってしまった。反省は必要だが、ここまでくれば行き過ぎである。安倍首相が担わなければならないのは、この精神の行き詰まりの壁を打ち破るという使命である。だがそのことは、中韓は無論のこと同盟国米国も、必ずしも賛成するわけではない。戦勝国及びその側に立つ国々には、日本が歴史を乗り越え、雄々しく独立自尊の国となるよりも、自己反省を続け、主張しない国であり続けることを望む傾向が強い。その対日姿勢のひとつの形が歴史認識での対日牽制であろう。

米国を反日の砦としたい中韓両国

一例がパシフィック・フォーラム・CSIS（米戦略国際問題研究所）のラルフ・コッサ会長の主張である。氏は二〇〇五年一二月八日のNYT紙に、小泉純一郎首相の靖国参拝の権利は認めるが、より良い目的のために参拝を中止し得るはずだと発表した。その代わり中韓の首脳は小泉首相の決意を受けとめ、未来志向に徹する決断をすべきだと提唱した。米国の国益重視という観点から、日中韓の歴史軋轢を解消させようとの氏の提言の基本は、日本が靖国参拝を諦めるという点に尽きる。これは米国大統領がアーリントンに詣でてはならないと言うに等しい。祖国に殉じた人々の霊に敬意を表してはならないということは、国家を支える最も深い精神性の否定につながる主張である。コッサ氏の厳しい提言は約七年後、さらに激しい論調へと変化した。

二〇一二年八月一三日、韓国の李明博大統領が竹島に不法上陸したことをきっかけに日韓関係が悪化した当時、コッサ氏はPacNetに寄稿し、慰安婦問題を「性奴隷」「最もセンシティブな歴史問題」と位置づけ、「河野談話の否定は修復不能な傷を日韓関係に残す」とし、「トーキョーへのメッセージ、もうやめろ」と書いた。「トーキョーに必要なのは、裏づけ資料など求めずに、今回は膨大な額の小切手つきで、河野談話を再び出すだけの勇気ある前向き思考だ」と結論づけた。

なんという粗雑かつ感情的な主張であろうか。国基研は直ちに右のコッサ論文への反論を送った。しかし、国基研よりははるかに穏やかな中立的な別の反論が掲載され、国基研の反論は掲載されることなく議論は打ち切られた。

FA誌の二〇一三年三月〜四月号に、日本通で知られるジェラルド・カーチス氏も驚くべき対日警告を書いている。「もし、彼（安倍首相）がこれまで表明してきたように、第二次世界大戦の過ちを詫びた前政権等の談話を無効にする場合、中国、韓国との危機を招くだけでなく、米国の強い非難にも直面するだろう」。

歴史問題を越えて、氏は尖閣諸島の領有権についても以下のように書いた。「最近の危機の激化(flare-up)は中国によってではなく、日本側の行動によって引き起こされた」。まるで中国政府の主張とピッタリ重なる主張ではないか。

コッサ、カーチス両氏ともに日本及びアジアをよく知る人々である。だが、知識は豊富でも、知識の森をかき分けて真実を探り当てる知的努力を、両氏はしていない。感情や思い込みの壁に阻まれているのであろうか、日本の声に耳を傾けようとしないこのような人々に、日本の立場、とりわけ深い洞察を必要とする歴史観への理解を求めること自体、可能なのかと考え込んでしまう。

ただ、ここで悲観する必要はない。中韓両国が反日の砦としたいと力を入れる米国は広く大きく、多様な国である。そこにはたとえ親日、知日でなくとも、中韓両国の歴史認識に理性的な観察と批判を加える人々も存在する。たとえばブッシュ政権で国務副長官を務め、その後世界銀行総裁となったロバート・ゼーリック氏である。氏は二〇〇三年に、満州事変を記念する瀋陽の「九一八博物館」を訪れたときのことを語っている。見学の最後の所で中国の近代史が一九四一年から突然、四五年のソ連参戦に飛びその間が脱落しているのに気がついたという。

氏はこのような歴史の操作は問題であると明言する。日本を敗退させた米国の役割を知らずして、若い世代の中国人がアメリカを正しく知ることはないと問題提起したという。

米国に関する歴史を操作する中国は、日本に関する歴史の捏造も容易にやってのけると、ゼーリック氏は読みとったはずだ。

中韓にも変化の兆し、日本よ自信を持て！

二〇一二年九月に訪中したレオン・パネッタ国防長官は、中国人民解放軍の装甲兵工程学院で講演し、学生が「中米両国は第二次大戦で日本のファシズムを打ち破った。だが近年日本の右翼勢力は戦後国際政治の秩序に一貫して挑戦している」と質問したのに対し、中国の深い傷を、同様に深い傷に苦しんだ米国はよく理解出来るとして、こう答えた。

「しかし、我々は過去に生きることは出来ない。現在と将来に向かって生きなければならない」

ファシストの定義もせず日本を断罪する中国の主張に同調するアメリカ人ばかりではないのだ。冷静で知的な議論は自ずとその居場所を確保していくと、信ずるゆえんである。

余りにも生々しいために正面切って議論するのが難しい慰安婦問題についてさえ、韓国側の主張には同調しないという声もここ数年、否、それ以上も前から上がり始めている。しかも、その声は韓国人知識層からのものだ。

九〇年代終わりから二〇〇〇年代初期にかけて、日本の朝鮮統治に新しい光を投げかける研究成果を発表してきたソウル大学経済学部の李榮薫《イヨンフン》教授は、日本が朝鮮の純潔な勤労奉仕の乙女を挺身隊という名で動員し慰安婦にしたという主張は明らかな間違いだとする新しい教科書を書いた。米国下院議員のマイク・ホンダ氏らは、日本軍はわずか十三歳の少女を慰安婦にしたという非難決議を可決させたが、その主張は、挺身隊を慰安婦と同一視したところから生まれた間違いだということが、李教授の調査によって裏づけられる。

李教授の著書は二〇〇九年三月に初めて日本語に訳され、『大韓民国の物語　韓国の「国史」教科書を書き換えよ』（文藝春秋）として上梓されたが、その中には、慰安婦たちの境遇について「わりあい自由に市街を出歩いた女性もいましたが、大抵は行動の自由が奪われた奴隷のような境遇だったと考えられ」ると書かれている。日本軍と日本政府の責任は免れないとしながらも、女性たちの収入は多く、驚くほどの大金を得た女性も稀ではなかったとも指摘している。

教授は、女性たちの募集に「女衒」が暗躍したこと、日本軍ほど全面的ではなかったにせよ、ドイツ軍も慰安施設を組織したこと、さらに朝鮮戦争当時、同様の施設が韓国にあったことも含めて詳細を発表した。

サン・フランシスコ州立大学人類学教授のC・サラ・ソウ（蘇貞姫）氏は、女性たちが「周旋業者に騙されて売春を始めたとの主張は間違っている」として、「ほとんどの場合、慰安婦になる過程は開かれたもので」あり、女性とその家族は、女性の運命を認識していたとの研究を発表した。

ソウ教授の論文は、ハワイ大学名誉教授のジョージ・アキタ氏が二〇一三年八月に出版した『「日本の朝鮮統合」を検証する』（草思社）で紹介されている。ソウ教授はこう書いているのだ。

「当時、おびただしい数の朝鮮人女性が、父親または夫によって売春宿に売られたり、あるいは一家を貧困から救うために自ら進んでその道を選んだりしていた。朝鮮の儒教的父権社会にあっては、女性は使い捨て可能な人的資源として扱われたのだった」

ソウ教授も李教授同様、慰安婦集めのあらゆる過程で、朝鮮人の存在が重大な鍵を握っていたことを強調する。

先述したように吉田清治氏の慰安婦強制連行説の捏造をまっ先に紹介し強制連行説を拡散した『朝日新聞』も遂にその虚偽を認めるに至った。

南京事件についても、極めて少数ではあるが、中国で新しい見方が出始めている。民主化運動のリーダーの一人で、北京電影学院元教授の崔衛平《ツイウェイピン》氏は、政治体制の改革を求めた「〇八憲章」発表時の署名者三〇三人の一人であり、「南京大屠殺記念館」の建設を提唱した人物でもある。

国基研との意見交換で、中国の歴史捏造の具体例として「南京事件」に話題が及んだとき、思いがけずも彼女は三〇万人説は正確な統計に基づくものではないと、自分も感じていたと語り、「共産党も国民党も、国民に対しては一切関心を払わなかったという意味で責任がある」

と語ったのだ。

中国の知識人が、少なくとも日本人との公の議論の場で、三〇万人説への疑問を口にしたのを、私は初めて聞いた。共産党のイデオロギー色に染められている情報封鎖社会で、驚くべき変化が起きていると感じるゆえんだ。

事実は徐々にではあっても、顕れ始めている。しかし、こうした個々の問題を超えて歴史認識問題が変質の兆しを見せ始めていることは先述したとおりだ。慰安婦の実態よりも、買春を認める価値観そのものが、過去に遡って非難の対象になりかねない。こうした中で、日本は正しい歴史認識の定義も、歴史観の一致も不可能であり、国際社会で出来ることは互いに異なることを認め合うことだけであると主張しなければならない。同盟国米国をはじめとする友好国に対しては、事実の検証を誠実に行い、情報公開に努めることが欠かせない。情報公開と事実の発掘にこそ、日本は力を注ぐべきだ。

事実こそ日本の主張の正しさを実証してくれる。事実を歪曲してきた中国や韓国に較べて、事実を歪曲していない日本は、ずっと、自信をもってよいのである。このようにして個々の問題について、情報伝達の努力をしながら、靖国参拝に代表される日本人の心の問題についてだけは、きっぱりと筋を通すのが首相の務めだと考える。

■日韓関係のためにも自衛隊＝国軍の整備を急げ

東京基督教大学教授
西岡 力

■にしおか つとむ

昭和三十一（一九五六）年生まれ。国際基督教大学卒業、筑波大学大学院修士課程修了後、韓国・延世大学に留学。その後、「現代コリア」編集長、東京基督教大学教授。「北朝鮮に拉致された日本人を救出するための全国協議会（救う会）」会長。『日韓誤解の深淵』『闇に挑む！ 拉致、飢餓、慰安婦、反日をどう把握するか』『金正日と金大中―南北融和に騙されるな！』『日韓「歴史問題」の真実「朝鮮人強制連行」「慰安婦問題」を捏造したのは誰か』など著書多数。

日本は憲法を改正し国軍を整備せよ

国家基本問題研究所はこれまで朝鮮半島問題に関していくつもの政策提言を発表してきた。特に、二〇〇九年九月に発表した提言「新政権は北朝鮮急変事態に備えよ―韓国による自由統一推進を戦略目標とし中国の半島支配を防げ」は国基研の朝鮮半島問題に関する基本的な立場を表明している。冒頭の政策提言五項目を紹介する。

〈新政権は北朝鮮急変事態に備えよ――韓国による自由統一推進を戦略目標とし中国の半島支配を防げ。

政策提言

1．韓国による自由統一推進を我が国の戦略目標とし、北朝鮮急変事態に備えよ。

2．日本政府は二〇〇九年六月十六日にオバマ・李明博が表明した「自由民主主義と市場経済に則った平和統一を志向する」と明記した自由統一ビジョンを早急に支持せよ。

3．北朝鮮急変事態に備えた日米韓三カ国の戦略対話を政府レベル、軍（自衛隊）レベル、民間専門家レベルで充実させよ。

4．戦略対話の中では、米韓軍北進作戦が発動された場合、日本がどのような協力を行うのか、拉致被害者の安全確保と救出のために米韓両国にどのような協力を求めるかも十分に詰めておくことが求められる。

5．自由統一の主体はあくまで韓国だが、日米両国は韓国内の自由統一推進派を積極的に支援することによって日米韓友好の新たな地平を開くべきだ〉

提言は五項目に続く本文で「北朝鮮の独裁者金正日の医学的寿命の限界が見えてきた。数年以内に死亡や重病で執務不能になることが十分あり得る」と書いたが、その二年後、二〇一一年十二月に金正日が死亡した。金正日死後、金正恩政権が発足した。提言では金正日死後の政権崩壊と混乱事態発生の可能性の増大を指摘したが、金正恩体制は戦術的失敗を繰り返しながら不安定度を増しており、いつ混乱事態が発生してもおかしくない。その点で、「朝鮮半島はいま現状維持ではなく大きな変化の時を迎えようとしている」とした提言の分析はいまも有効と言えよう。

しかし、この提言は二〇〇九年九月に発足した民主党鳩山由紀夫政権に向けて発信されたものだが、民主党政権が日米同盟を弱体化させていったため北朝鮮急変事態に備える日米韓の戦略対話は、ほとんど進まなかった。

また、日韓関係も二〇一一年十二月、金正日死亡の直前にもたれた日韓首脳会談で李明博大統領が慰安婦問題を持ち出してから悪化しはじめ、二〇一二年八月の李大統領竹島上陸と天皇陛下への礼儀に反する発言を経て近年最悪と言っても良い状態となった。

安倍晋三政権の発足により日米同盟はかなり再強化されてきたが、二〇一二年十二月に当選した韓国の朴槿恵大統領が、日米韓の連携を求めるオバマ大統領に対して「日本に正しい歴史認識を求める」という対日強硬姿勢をとり、いまだに、日韓では首脳会談さえ開催できず、日米韓の戦略対話は進んでいない。

日本国内では、「韓国は中国との連繫を日米韓三国連繫よりも優位におこうとしている」「韓国による統一は巨大な反日国家が生まれることを意味する」などという韓国警戒論が保守陣営からも出ている。そのような現段階でも韓国による自由統一をわが国の戦略目標にすべきなのか。また自由統一のための日韓連繫は可能なのか。

結論からまず書くと、日韓両国が自国のおかれた歴史的、戦略的地位を自覚して、自由民主主義の拡散という普遍的価値のために犠牲を払って戦う覚悟を持ち努力するなら、困難ではあるが韓国による自由統一を目指す日韓連繫は実現の可能性があると筆者は考えている。

具体的には、日本は朝鮮半島有事に際して在日米軍基地を提供するという受動的な戦いへの参加から一歩踏みだし、同盟国米国が半島で自由民主主義守護およびその拡散のために戦うとき、その戦いをわが国の守るべき価値のための戦いと認識してともに戦うことが必要だ。

韓国は中国の東アジア軍事的覇権に反対し自由民主主義守護・拡散を目指す韓米同盟を強化し、日本を米国の同盟国として同じ価値観に立つ国と認識し歴史認識や領土問題を棚上げにすることが必要だ。

そのためには、両国とも自由のために犠牲を払うことに反対する国内の狭い意味での自国優先主義的世論を説得しなければならない。日韓両国の今後の政治情勢や国民の選択などにより、日韓連繋の実現に失敗することも十分あり得る。わが国はその危険をも見据えて、半島全体が中国の影響下に入り、対馬、九州北部がわが国安保の最前線になり得るという認識を持つことだ。韓国による自由統一のため米軍とともに戦うためにも、それができず韓国が中国の側にまわり米国も東アジアでの中国の覇権を認める事態も起こりうるという危機感を持ち、憲法改正、国軍整備を急がなければならない。

日韓はともに戦うことができるか

日韓は自由民主主義のためにともに戦えるのか。この問を考えるためまず、日韓が過去に戦った戦争の歴史を振り返ってみたい。前近代の歴史を見ると、日本と韓国は共通の敵に対してともに戦った経験を持っていない。逆に、韓国は常に中国の歴代王朝軍と連合して日本と戦ってきたことが分かる。

七世紀の白村江の戦いは、半島の白村江（現在の錦江河口付近）で行われた日本・百済軍と唐・新羅連合軍の戦争だった。日本は大軍を出兵して敗れた。その後、唐は半島全体を直轄領にしようとしたが、新羅が繰り返し軍事的抵抗を行って、ついに半島の統一王朝として唐にその存在を認めさせた。大和朝廷は唐・新羅による日本本土への軍事的脅威を感じ、唐と距離をとって「日本」国を整備し、北部九州の大宰府の水城や瀬戸内海を主とする西日本各地に古代山城などの防衛砦を築いた。また北部九州沿岸には、防人を配備した。ただし、新羅が唐と戦って半島全体に独自王朝を樹立したため、唐軍の日本遠征は実現しなかった。

その後、半島の王朝は新羅から高麗へと代わり、一三世紀、モンゴル帝国が高麗を征服し、高麗軍とともに海を渡って九州に攻めてきた。半島国家が弱体化し中国が日本本土まで攻め入ってきた典型的ケースだ。一六世紀には朝鮮王朝の軍事力が戦国時代を経たわが国に比べて相対的に弱く、その隙を突いて秀吉が半島を通じて明を攻撃しようと朝鮮出兵が行われた。それに対して明は自国の防衛のため朝鮮に大軍を送り、秀吉軍と戦った。

近代に入り東アジアの勢力図には新たに大陸国家ロシア、海洋国家英国とアメリカが登場した。明治維新で近代化をスタートさせた日本は韓国から中国の影響力を排除するために日清戦争を戦い勝利したが、朝鮮は急速にロシアに傾きそれを排除するために日露戦争が戦われた。日露戦争においてはロシアの南下をおそれる英国が日本と同盟を結んで背後から日本を支援した。この両戦争とも、朝鮮は戦場となっただけで独自の軍事力を持つ国として戦争に参加できなかった。義兵という形のゲリラ部隊の抗日戦闘は継続したが、日本軍に決定的な損害を与える力は無く、日韓併合が実現した。独自の近代化に失敗した朝鮮王朝は、戦争の主体になれなかった。

日本の朝鮮統治は「内鮮一体化」を掲げ同化政策をその基本とした。すなわち、韓民族の独自性を認めず最終的には日本国臣民に編入することが目標とされた。その典型的な政策が「創氏改名」だ。一部で誤解されているようにこの政策は単純に朝鮮人の名前を日本風に改名させせたものではない。当時の朝鮮では儒教にもとづく親族制度、すなわち単系父系親族制度が民衆レベルまで確固たる根を下ろしていた。父親の姓を無条件で継承し、婚姻や養子などでもその変更は一切認められない。婿養子や異姓養子は存在しない。

韓国では現在でも姓が二百八十六種類ほどしかなく、そのうち金が二二%、李が一五%、朴九%、崔五%、鄭四%の五つで全体の約五五%を占める。だから、個人の識別に姓を使うことは不可能である。日本は、この制度を近代化に適しない遅れたものとして、日本の家制度、すなわち非単系親族制度を導入しようとした。

一九四〇年、姓とは別に家の称号である日本式の氏（名字）を全ての朝鮮人に新たに創設させた。これが「創氏」である。約六カ月の申告期間に八割の朝鮮人が氏を申告した。これを「設定創氏」と呼ぶ。二割はそれをしなかった。罰則は無かったが、申告がない場合は戸主の姓が自動的に「法定創氏」となり、家族全体の氏とされた。したがって「創氏」は全ての朝鮮人に対して実施された。創氏されると、従来、別姓であった戸主の妻や嫁も夫と同じ氏とされた。法定創氏の場合、たとえば金哲秀の妻、鄭貞淑は自動的に「金貞淑」となった。また、創氏と同時に父系制ではありえない婿養子制度も導入された。

韓国は独立と同時に、過去にさかのぼって創氏制度を無効にし、伝統的単系父系親族制度を復活させた。その親族制度の下で韓国は経済の飛躍的成長と政治の民主化を実現させ近代化を成し遂げた。一九八七年の大統領選挙では四人の主要候補のうち三人が「金」であったが、名前による識別で人口四千万の直接選挙がシステマチックに実行された。単系父系親族制度は経済成長と民主化の障害にはならなかった。

どの様な親族制度を選択するかはあくまでもその民族が決めるべき問題だろう。その観点から、日本の朝鮮統治は近代化のための多くの貢献をしたことは最近の韓国の学界も認めるところだが、民族固有の親族制度を破壊しようとした点は反省すべきことだ。そもそも白村江の戦い以来、日本と朝鮮は別の歴史を歩み、特に敵として戦いあってきた他者であり、同一民族になり得ると考えた同化政策は虚構の上に立った政策だった。

以上見てきたように、新羅・唐の連合軍と日本が戦った白村江の戦い以来、一九四五年の日本の敗戦まで、日韓両国は共通の敵に対して一緒に戦ったことがない。韓国は前近代においては常に中国の諸王朝軍とともに日本と戦ってきた。そして、近代に入り韓国は戦争の主体になることなく日本に併合された。日本の統治は同化政策を特徴とし、朝鮮人を独自の国家を形成する主体と認めなかった。朝鮮人は日本国臣民として連合国との戦争に参加したが、独自の存在として日本とともに戦ったとは言えない。このような歴史を見ると日韓が同じ敵に対してともに戦うことの困難さを覚える。

米国のアジア政策は四年で破綻

第二次大戦後の現代史において日韓は事実上、全体主義、共産主義勢力という共通の敵に対してともに戦ってきた。それは歴史上初めての経験だった。ただし、米国を媒介とした間接的な関係であり、日韓両者ともその実相について理解が浅く、共産主義勢力につけ込まれる隙を作ってきた。この共産主義との戦いは朝鮮戦争が休戦している間は終わらないのだが、そのことを自覚しない日韓両国民が増えている。

一九四五年日本敗戦直後、米国の占領方針は弱い日本を作ることだった。アジアの秩序は連合国の一員としてともに日本と戦った中華民国と連繫して作ろうと構想された。日本敗戦の前にすでに戦後の国際秩序の枠組みとして作られた国連では中華民国が五大国の一つとして拒否権を持つ安保理常任理事国となった。日本は一九四六年に米軍の指示で現行憲法が制定され、当初は完全非武装で安保を国連に委ねるものとされた。この米国の政策は世界革命を目指す共産主義国家であるソ連とその指導で動く世界各国の共産党の本質を見誤る政策だった。

一方、同じ時期、朝鮮半島ではソ連に対して、米国が三十八度線による分割占領をソ連に提案した。ソウルを米国が押さえる有利な提案だったが、スターリンはそれを受諾した。スターリンはいわゆる革命基地路線を採択した。半島北半部を半島全体、ひいては東アジア全体の共産革命の基地とするという戦略をとったのだ。スターリンは一九四六年二月、半島北半部に事実上の分断政府である臨時人民委員会を造り、ソ連情報部隊の隊長だった金日成（本名金聖柱）をリーダーとして急速に社会主義化を進めた。同年中に全農地を地主から無償で没収して農民に分け、全産業を国有化した。

米国が占領した半島南半部では共産主義者を含む様々な政治勢力が入り乱れて政治的混乱が続いたが、米国は自由民主主義の原則の下、各政治勢力の活動を最大限尊重しつつ、半島全体を代表する政府を樹立する問題を国連に持ち込んだ。国連の決定に基づいて一九四八年に国連監視下で自由選挙が実施された。ところが、ソ連はすでに北半部で事実上の政府を樹立し社会主義政策を推し進めていたため、自由選挙の実施を拒否した。

共産党は政治宣伝が上手だから一九四八年八月に大韓民国が成立した後、同年九月に朝鮮民主主義人民共和国の樹立を宣言し、分断の責任をあたかも韓国側にあるかのように装った。しかし、北朝鮮は政府成立宣言の半年前、一九四八年二月に朝鮮人民軍を創建しており、分断を先に進めたのはソ連と北朝鮮側であることは明白だ。

翌一九四九年には国共内戦で国民党軍が負けて台湾に逃げ、中国大陸で中華人民共和国が成立した。戦後の東アジアの秩序を中華民国と連繫して作ろうとしていた米国のアジア政策はわずか四年で破綻した。

中国共産党は国共内戦において中共軍に入り戦っていた朝鮮人軍人らを大挙して北朝鮮に送り、ソ連は戦車など最新鋭武器を大量に持ち込んだ。一九五〇年六月、金日成はスターリンと毛沢東の承認と支援の下、奇襲南侵を行って朝鮮戦争を開戦した。

それに対して国連安保理事会は北朝鮮の行為を「平和の破壊」と断定し、加盟国に対して米軍司令官の下にある「国連軍」に兵力を提供することを勧告した。その結果、十六カ国が参戦した。国連軍の九割を占めた米国は三万六千人が戦死した。

このような情勢の下、米国は日本に対する占領政策を大幅に修正し、アジアにおける自由民主主義陣営の一員として位置づけ、講和条約と日米安保条約を締結し、再武装を促した。このときこそ、最初の憲法改正、具体的には九条二項改正のチャンスだったが、吉田茂政権はそれをせずに憲法解釈を変えて「陸海空軍その他の戦力」にはならない「自衛のための最低限の実力組織」として自衛隊を発足させた。

朝鮮戦争と思想戦争

朝鮮戦争勃発直後の一九五〇年八月に外務省は「朝鮮の動乱とわれらの立場」と題するパンフレットを公表して、日本は全体主義と戦う自由民主主義陣営の一員であることを強力に主張していた。今読み返してみても堂々たる主張であり、この立場からソ連など共産国をのぞくサンフランシスコ講和条約と米国と同盟を結ぶという戦後の日本外交の基盤となる選択が行われたことと、その選択が正しかったことがよく分かる。主要部分を紹介する。

外務省はまず、朝鮮戦争を北朝鮮軍による侵略と明言して、次のように述べる。

〈六月二十五日未明、突如として北鮮共産軍は北緯三十八度線を怒濤の如く突破して侵略を開始した。「自由と平和を守る」と自ら唱える共産勢力がいまや明らかにアジアの平和を破り、ひいてはわが国の自由をも奪わんとしてきたのである〉

その上で、なぜ共産主義が戦争を起こすのかについて以下のように明快に説明する。

〈階級闘争の見地に立つ共産主義は全世界の共産化が実現するまでは平和はもたらされないと主張する。国際連合についても、とうてい世界の平和を維持するに役立たないと考えるだけでなく、それは世界の共産化を妨害するものとさえ解するのである。共産主義にとっては世界の共産化を進めるための行動は、現実にはそれによっていかに社会の秩序が乱され、あるいは戦火がもたらされても、すべて「正義の行為」であり「解放の事業」なのである〉

外務省は日本も共産主義の侵略の局外者ではないから、国際連合軍とともに戦わなければならない、特に共産主義者が展開する「思想戦」において「日本人は朝鮮動乱の渦中に立っている」と次のように主張する。

〈共産主義世界の武器たる思想戦はすでに最も重要な武器として世界の津津浦浦にまで展開されている。共産主義は民主主義世界の「寛大」さにつけこんで自らに不利な影響を及ぼすべき全面的な武力対決を巧みに回避しつつ、戦争の切迫感をあおりたてることによって、民主主義世界の団結と決意を混乱させようと企図している。そのための重要な武器がこの思想戦なのである。朝鮮動乱は一見したところ、朝鮮半島の局地的問題であるかのように思えるが、実はそうではない。思想戦との関連においては、民主主義世界に住むわれわれ全てがすでに戦場にあるというべきである。その中でも共産主義は、日本に特別の関心をもっているのであるから、われわれ日本人は完全に朝鮮動乱の渦中に立っているといっても過言ではない。（略）思想戦の見地からみて、すでに戦場にあるともいうべきわれわれがあいまいな態度をとることは、実戦における敵前逃亡と同じ結果をもたらし、われわれの希望にもかかわらずかえって自由と平和を破壊せんとする勢力に利益を提供する〉

結論として外務省は「朝鮮における民主主義のための戦いは、とりもなおさず日本の民主主義を守る戦いである」と、次のように主張する。

〈われわれの進むべき道は二つに一つしかない。すなわちわが国における民主主義の達成をあきらめて、共産主義世界に屈服するか、あるいはできるかぎりの協力を国際連合に致すことによって、その安全保障のもとに平和的な民主日本を建設するか、このいずれかである。朝鮮における民主主義のための戦いは、とりもなおさず日本の民主主義を守る戦いである。朝鮮の自主と独立を守るために闘っている国際連合軍に許されるかぎりの協力を行わずして、どうして日本の安全を守ることができようか。第三次世界大戦が起こったならば、日本ばかりでなく、世界の文明が破滅するのである。われわれの最も心すべきことは、世界の大動乱が再び起こらないようにすることである。それには暴力による世界革命を目的とする全体主義、共産主義国をして戦争が商売にならぬことを知らせる外に途はない〉（傍線西岡）

外務省が主張する「共産主義国をして戦争が商売にならぬことを知らせる外に途はない」ことを実現するためには、自由民主主義陣営が強大な軍事力を整備して共産主義勢力に対していつでも戦争に応じて彼らをたたきつぶす準備ができていることを示すしかない。そのためには、東アジアにおいては日米韓の同盟を強固にするしか道はない。米国が押しつけた現行憲法の前文「日本国民は、恒久の平和を念願し、人間相互の関係を支配する崇高な理想を深く自覚するのであつて、平和を愛する諸国民の公正と信義に信頼して、われらの安全と生存を保持しようと決意した」という甘い国際認識が、共産主義勢力が世界で起こす戦争に対しては全く通用しないことを外務省がしっかりと述べていたのだ。

思想戦に敗北した日韓

一九五二年四月、わが国は主権を回復した。朝鮮戦争の休戦は五三年七月だから、その時点では朝鮮半島で米軍は共産軍と激しく戦っていた。そのときわが国は米国と軍事同盟を結び、わが国にある米軍基地からの戦争参加を独立後も許した。

この状況を北朝鮮から見ると、まさに在日米軍基地のために朝鮮戦争で勝てなかったということになる。たとえば、戦況を一変させた仁川奇襲上陸作戦は、横浜、神戸、佐世保港が出撃基地として使われた。北朝鮮が一九六〇年代から米国本土まで届く核ミサイル開発を多大な犠牲を払いながら実行してきたこともそのためだ（雑誌『正論』平成二十五年四月号拙稿参照）。

元北朝鮮空軍大尉李哲数は私に次のように語っている。

「自分たち北朝鮮軍人は士官学校に入ったときから現在まで、ずっと同じことを教わってきた。一九五〇年に始まった第一次朝鮮戦争で勝てなかったのは在日米軍基地のせいだ。あのとき、奇襲攻撃は成功したが、在日米軍基地からの空爆と武器弾薬の補給、米軍精鋭部隊の派兵などのために半島全域の占領ができなかった。

第二次朝鮮戦争で勝って半島全体を併呑《へいどん》するためには米本土から援軍がくるまで、一週間程度韓国内の韓国軍と米軍の基地だけでなく、在日米軍基地を使用不可能にすることが肝要だ。そのために、射程の長いミサイルを実戦配備している。また、人民軍偵察局や党の工作員による韓国と日本の基地へのテロ攻撃も準備している」

具体的には、韓国内に構築した地下組織を使い大規模な反米、反日暴動を起こしながら「韓国を支援すれば核ミサイルで攻撃する」と米国と日本を脅す。そうすれば日米両国民が、韓国のために自分たちが核攻撃の危険にさらされたくないと脅迫に屈して韓国支援に反対する可能性がある、と彼らは見ている。

一九五二年日本が主権を回復した時点で、憲法九条を改正して国軍を保持したとすると、日米同盟にもとづき朝鮮戦争で米軍とともに戦うのかがすぐ問題になったはずだ。ところが、先述のように「戦力でない自衛隊創設」という中途半端な対応をしたため、問題は表面化しなかった。ただ、独立後も自国領内に米軍基地を持ち、そこから米国の軍隊が北朝鮮を攻撃することを許容したのだから、国際法上、戦時中立ではない。北朝鮮から見れば日本は敵国となる。当時は北朝鮮に日本を攻撃する能力が無かったから攻撃されなかっただけで、国際法上は攻撃される可能性があった。

このように考えると、わが国は集団的自衛権を保持しているが使用は許されないというこれまでの憲法解釈は、恐ろしく内向きでほとんど意味の無い議論と言わざるを得ない。自衛隊が米軍といっしょに戦闘に参加しなくても、北朝鮮から見れば在日米軍基地が存在すること自体が重大な戦争参加行為なのだ。わが国領内に米軍が基地を持つということは、韓半島と台湾の近くに米海軍の巨大な不沈空母があることと同じだ。

主権回復後、わが国は自由民主主義陣営の一員としてともに共産主義の侵略と戦うという姿勢をなくしていく。外務省は一九五〇年、先に見たとおり「共産主義は民主主義世界の『寛大』さにつけこみ民主主義世界の団結と決意を混乱させようと企図している」と共産主義がしかける思想戦を警告していたのだが、そこで日本は敗北していった。

一九五九年から、九万三千人の在日朝鮮人・日本人を北朝鮮に送り出し、彼らの労働力不足を埋めた。送り出された在日朝鮮人・日本人の多くは政治犯収容所に送られ虐殺されるなどすさまじい人権侵害を受けた。帰還者の日本における財産を事実上徴発した朝鮮総連は、日本国内で北朝鮮の政治・軍事・対南工作などの拠点として合法・非合法の活動を強化していく。日本政府は総連をタブー視しきちんとした取り締まりを行わなかった。

日米韓軍事同盟が悪という思い込み

一九六五年日韓国交正常化にあたり、韓国は半島における唯一合法政府として自国を認めるように求めたが、日本はそれをせず、北朝鮮地域には別のオーソリーティがあり、そこと修交しないのは政策判断だという二股外交を貫いた。

一九七四年には在日韓国人青年が韓国大統領に射撃し大統領夫人を暗殺するという重大なテロ事件が起きたが、犯人を教唆煽動したのが日本国内の北朝鮮地下組織だった。同事件の直後、日本外相が北朝鮮の軍事的脅威はない、などという発言をしたこともあり、韓国では戦後最大規模の反日デモが起き、朴正煕政権は対日断交まで検討した。

一九八〇年に全斗煥政権が日本に対して共産主義陣営の軍事的脅威と戦うための経済支援を申し込んだ際、外務省は「全斗煥体制は、軍事ファッショ政権」だと決めつける次のような驚くべき内部文書を作って、ともに共産主義と戦うことを拒絶した。

〈(一)全斗煥体制は、軍事ファッショ政権であり、これに対して日本が財政的てこ入れをすることは、韓国の民主化の流れと逆行するのではないか、とくに、金大中事件が完全に解決していないまま、かつ政治活動の規制がきびしく実施されている現在、韓国に対して経済協力を行うことは、日本の対韓姿勢として納得できない。
(二)韓国への経済協力は、韓国への軍事的協力のいわば肩代わりであり、日・韓・米軍事同盟(強化)の一環として極東における緊張を激化させる。
(三)南北間の緊張が未だ激しく、南北対話の糸口さえ見出しえない現在、その一方の当事者である韓国のみに多額の経済協力を行うことは朝鮮(半島)政策として理解しがたい〉

（小倉和夫『秘録・日韓1兆円資金』講談社、二〇一三年）

共産主義陣営はすさまじい思想戦を韓国にも仕掛け続けた。その中で、韓国の民主化は、紆余曲折を経ながらも少しずつ進んでいた。まず、安保が優先しそれを守った上での民主化であった。一九八〇年代は初め、全斗煥政権は朴正熙大統領暗殺後の政治混乱の中、金大中氏らが主張していた急速な民主化は時期尚早だという立場であった。全政権もクーデターで政権の座についた後は、新憲法を国民投票で制定し、立憲主義を守った。北朝鮮の世襲独裁体制との比較において全政権が全体主義であるファッショ政権だと言える根拠はまったくない。安保のために民主主義の一部を制限していただけだ。それなのに、一九八一年の時点で外務省は、全斗煥政権をファッショと罵倒した。

日米韓軍事同盟の強化が極東における緊張を激化するという同文書の（二）の記述、南北緊張の責任を北朝鮮だけでなく韓国にも同等に負わせる（三）の記述もたいへん偏っている。朝鮮戦争を起こしたのはどちらなのか、北朝鮮国内で自由と民主主義、人権がいかに踏みにじられているか、北朝鮮の戦争準備や韓国へのテロを無視した自由主義陣営の一員として恥ずかしい記述だ。半島の緊張の責任を韓国と北朝鮮の両者に負わせ、日米韓軍事同盟が強化されることが悪いことだと認識している。全体主義と戦う姿勢が全く消え失せている。外務省そしてその背後にあった日本全体が、この時点で共産主義が仕掛けた思想戦に敗北していたと言えよう。

内向きの集団的自衛権解釈に執着した日本

共産主義陣営の仕掛けた思想戦においてまず日本が敗北し、その次に韓国も敗北していった。その絶頂が金大中、盧武鉉の二期十年の親北政権だった。北朝鮮とつながる韓国内のいわゆる従北勢力は、戦後の韓国の現代史を汚れたものとして全面的に否定する反韓史観を、思想戦の主要武器として活用した。

すなわち、李承晩政権は日本統治に協力した親日派を処断せず政府や軍の幹部に登用した、朴正煕政権は大統領本人が日本の陸士出身の親日派であり日本軍国主義を再び韓国に引き入れた、それに反して北朝鮮の金日成は武力で日本軍と闘った民族の英雄であり、独立後も外国軍を国内に駐屯させないなど民族主義の純粋性を守っている、という偏った歴史観だ。

朴槿恵現大統領に対しても国内の反対勢力は親日派の娘、独裁者の娘と罵倒を続けている。彼女の反日発言はそのような国内の左派勢力に迎合している側面が強い。大韓民国の現代史に関する正しい認識が不足しているのだ。そもそも習近平中国共産党総書記は国家副主席だった二〇一〇年、朝鮮戦争への中共軍の参戦を「平和を守り侵略に立ち向かった正義の戦争」と公言した（二〇一〇年十月二十五日、北京で行われた「中国人民支援軍抗米援朝戦争六〇周年行事」での発言）。この発言こそ、命を賭けて韓国の自由民主主義を守護した韓国軍兵士、米軍を初めとする国連軍兵士への侮辱であり、人類の普遍的価値に反する「間違った歴史認識」ではないのか。

ソ連共産党の崩壊により米ソ間の冷戦は自由民主主義の勝利で終わったが、東アジアにおいては中国共産党の全体主義統治が続いているだけでなく、北朝鮮の世襲独裁政権は韓国を併呑することを目標として核ミサイル開発を着々と進めている。

日本と韓国は米国との同盟を媒介にして東アジアでの冷戦を戦ってきた。しかし、日本は内向きの集団的自衛権解釈などに執着し、自由陣営の軍事力増強こそが共産主義陣営の侵略を防ぐ道だという一九五〇年に外務省が主張していた確固たる立場を失って久しい。

韓国保守屈指の日本専門家である洪熒・統一日報論説委員は日本の自衛隊はどの様な価値を守るために命を賭けて戦うのかと次のような重い問いを発している。憲法を改正して国軍を持つことを目指す日本の保守勢力はこの問いにどう答えるか。

〈日本は、一九四五年以降最高の価値として何を目指してきたのか。日本の自衛隊はどうなのか。外部から攻撃されたら反撃する。有機体として当然だが、それはどのような価値観に基づく行為なのか。その辺から確認することが、韓日の共通の価値観を確認するスタート点になると思う。（略）

自由民主主義社会の韓国の軍隊は目的がはっきりしている。つまり共産独裁と戦い北を解放し、二千万人の人々に韓国と同じ自由と安全を与えるという善と正義の大義名分、自分を納得させられる普遍的価値がある。日本はその点はどうだろう〉

日韓関係の優先順位とは

一方、朴槿恵政権が繰り返し日本に対して「正しい歴史認識」を求めることは日韓連繋の大きな障害物となっている。そもそも国と民族が異なる間に共通の歴史認識は存在しえないからだ。

これに対して韓国保守を代表する知識人趙甲済氏は、解決が困難な歴史問題、領土問題を先送りし、北朝鮮への共同対処、韓国による自由統一への支援を優先すべきとする提言を発表した。その骨子を紹介する。

〈韓日関係で韓国が指向しなければならない価値と国益は、韓国の自由民主主義体制を守り、これを威嚇する北朝鮮の核武装を無力化させ、韓国主導の韓半島統一を、日本が助けるか、少なくとも妨害にならなくさせることだ。領土および歴史観問題の解決は難しい。領土問題を無理に解決しようとすれば武力を使うか、断交することになる。歴史観の違いは相互理解を通して一致点を探すことができるが時間がかかる。日本が武力で独島を占領する可能性は殆どなく、歴史観の違いは韓国の安保に直ちに脅威とならない。

直ちに解決できない問題の解決を前提条件とすれば緊急な現在と未来の問題を解決することはできない。過去の問題に執着して今日と明日の友好協力関係を犠牲にしてはいけない。領土と歴史観問題はいくら努力しても解き難い。難しい問題は後日に先送りして、やさしい問題から解いてこそ試験でよい点を取れる。

われわれは韓日関係の優先順位を考えなければならない。安保および統一問題、特に北朝鮮の核問題で韓日は協力しなければならない。このためには韓米日同盟を強化して、韓米日ミサイル防御網構築に参加して、韓日軍事情報協定も結ばなければならない。韓国主導の韓半島統一に日本が協力するようにしなければならない。経済関係と国民親善を拡大させ、領土および歴史観の葛藤の最小化させなければならない〉

私はこの趙甲済提言に全面的に賛成だ。韓国の中でこの合理的な考えがどの程度広まるのかはまだ分からない。少数派にとどまり、朴槿恵政権下の韓国で自由統一にともなうコストをおそれ北朝鮮を中国に任せようとしたり、韓米同盟から抜けて安保も中国に頼ろうとしたりする歴史の逆行が起きる可能性もゼロではない。米国の将兵らが命を賭けて守った韓国の自由民主主義体制が、選挙による選択の結果、崩壊してしまう危険があり得るのだ。実際、金日成はチリでのアジェンデ政権成立を見て選挙を通じた革命を目指すように北朝鮮の対南工作機関に命じている。

韓国が全体主義勢力との半島での最後の戦いを勝ち抜くのかどうか、予断を許さない。どちらにしてもわが国として急がれることは憲法を改正して国軍を持ち、日米同盟の下、東アジアでの共産主義全体主義勢力と血をも流す覚悟で戦う覚悟と準備を進めることだ。安倍政権の歴史的使命はそこにある。

アジア海洋同盟で中国を抑止せよ

産経新聞特別記者
湯浅 博

ゆあさ ひろし

昭和二十三(一九四八)年、東京都生まれ。中央大学法学部卒業、プリンストン大学 Mid-Career Program 修了。産経新聞外信部次長、ワシントン支局長、シンガポール支局長などを歴任。現在、特別記者兼論説委員。主著に『アジアが日本を見捨てる日』『歴史に消えた参謀 吉田茂の軍事顧問 辰巳栄一』など。近著は『覇権国家の正体』。

海洋国家になれなかった日本

いまから半世紀も前に、日本が「島国」意識から脱皮して、「海洋国家」に衣替えするよう求めた少壮の国際政治学者がいた。ちょうど、中国が初の核実験をするのではないかとの予兆があった頃である。当時、京都大学教授の高坂正堯は、雑誌論文で「イギリスは海洋国家であったが、日本は島国であった」との修辞法で警鐘を鳴らした。海を活用する英国と、海の背後に閉じこもる日本を対比し、わが国が海洋国家として自立するよう提言したのである。

高坂は『中央公論』一九六四年九月号に寄稿したこの論文「海洋国家日本の構想」で、日本が外に開いた部分がしぼんでしまうと江戸期の鎖国となり、外に開いた部分が暴走して昭和期の満州事変が起きたと考えた。そして戦後の日本もまた、自立できない「島国」であり続けていると位置づけている。それは、外交・防衛とも米国に依存しながら、経済発展のみに精力を傾注してきた代償であるとみた。

実際に、世界の目が一九六四年十月の東京オリンピックに注がれていたさなかに、共産圏のソ連ではフルシチョフ首相が解任され、中華人民共和国は初の核実験を強行した。とくに、「中国の核実験成功」の知らせは、華やかな東京オリンピックをかき消すようなショックを世界に広げた。日本がようやく戦後復興を遂げて、世界の主要国に追いつこうとしていたさなかの衝撃波である。

中国による核実験の成功で日本は否応なく、核をもった大陸国家と対峙せざるを得なくなったのだ。それにもかかわらず、日本人は米国の庇護の下にある濃厚な依存心を克服することができなかった。日米安保条約の核心は、「米国は日本を守るが、日本は米国を守らない」という片務性にあり、いわば半国家的な甘えを引きずってきた。その象徴が、七〇年代に三木武夫首相が設定した「GNP一%枠」という国際情勢無視の防衛費枠であり、驚いたことに眼前の脅威には目をつむってしまった。

振り返れば、いまは亡き高坂の警告からすでに半世紀が過ぎている。果たして日本は、彼が定義した「海洋国家」に脱皮することができたのであろうか。

中国が「島国」脱却促す

まず、日本の現状から俯瞰してみよう。

高坂が取り上げた島国と海洋国家の比較は、便宜的な比喩であって明確に線引きできるものではない。しかし、傾向を大きくつかんでみれば、いまの日本はいまだ、閉じこもり性向から抜けきれていないのではないか。世界が相互依存を深めているというのに、日本人はいまも外国を「海外」と呼び、学生は留学を敬遠し、ビジネスマンは海外赴任を嫌う。いまだ島国意識が抜けずに、グローバル化時代の対応に苦慮している。経済分野はまだしも、安全保障においては自立への道はいまだ足踏み状態であった。

自民党の安倍晋三政権が成立して、ようやく政治的な閉じこもりから脱皮しようとする動きが出てきた。従来の空想的平和主義から国際的な安定にも寄与する積極的平和主義への転換である。

集団的自衛権の行使を憲法解釈の変更で実施できるようにすることがその第一歩だ。安倍首相が語るように、国連平和維持活動（ＰＫＯ）で某国へ行った自衛隊に、隣に駐屯するオーストラリア軍が襲われ、「救援頼む」と至急報があったとする。対する自衛隊は「救援は集団的自衛権の行使にあたり、日本はそれを保持しているが行使できない」と断るしかない。それは日本海に展開する米海軍のイージス艦が某国から航空攻撃を受けたときも同じだ。近くにいた自衛艦は同じ理由で手出しできない。現実に日本が救援を拒否するようなことが起これば、すなわち同盟の崩壊である。

安倍政権は憲法改正も視野に入れているが、与党内の現状維持勢力や国民意識の遅れに遭遇していまだ踏み切れない。自立的な海洋国家への道はいまだ遠しなのである。

気がつけば、周辺国家は核をもった傲慢な国ばかりになった。近年は中国がそのまま大陸にとどまらず、今度は海軍力を増強して海洋アジアに押し出してきた。南シナ海では八割にのぼる島嶼の領有権を主張し、東シナ海では沖縄県の尖閣諸島に食指を伸ばす。

半世紀前、中国が初の核実験で日本に「海洋国家」へ脱皮するよう促したように、今度は習近平体制による海洋進出の圧力が、再び日本に島国から脱皮を促すという逆説的な事態が起きている。この半世紀の間に起きたことは、圧倒的なパワーを持つ米国の海洋覇権に陰りが出始め、中国が新たな地域覇権国として台頭してきたことである。偶然とはいえ、二度目の二〇二〇年東京オリンピックが決定したいま、日本が決意を新たにすべきときを迎えている。

海に押し出す大陸国家

では、日本を取り巻く国際社会の現状はどうか。

世界を主導してきた米国が、アフガニスタンやイラク市街地で足を取られている間に、中国は西太平洋で海空軍の能力を高めていた。とりわけ、二〇〇八年九月のリーマンショック後の金融危機で「米国の退潮」が指摘されると、中国は既存の国際規範から大きくはみ出した。金融危機の前の中国は「国際秩序にいかに適応するか」を考えていたが、米国の相対的な退潮を認識すると、「どう国際秩序を変えさせるか」に変わった。仮にも、地域覇権国を目指す中国が、国際社会の規範を一気に破壊することになれば、アジア太平洋すべての諸国の脅威になる。

いま、海洋アジアで起きている中国と沿岸諸国との反目、衝突は、過去十年のうちに起きている巨大なパワーシフトと無縁ではない。米国ジョージワシントン大学のマイク・モチヅキ教授によれば、新興の覇権国はまず、①自分の力を過大評価しがちになる　②既存の国際秩序に不満を抱く　③感情的な民族主義に傾斜する　④国家的な損得勘定の分析ができなくなる――。

ここまで至ると危険水域である。それを避けるために、ある程度は新興大国の見解を取り入れるとしても、同時に、限界があることも示すべきであると、教授は力説する。

新興大国・中国による領土の現状変更は、中華人民共和国が一九四九年に建国以来、密かに続けてきた未完の事業のようなものである。中国は自国の軍事力が弱ければ、失う国土がいかに大きいかを歴史的に知っている。逆にいうと、強ければ国境は拡張できるとの確信があるから、こちらが協力的なら中国と平和的なつきあいができると考えるのは間違いである。事実、建国直後の中国は新疆《しんきょう》ウイグルやチベットに対しては強制的に併合しており、この時点においてすら「新帝国主義」と呼んで差し支えないものだった。この拡張主義により中国の陸地面積は二倍以上に拡大した。

主要国の主権概念は、一六四八年のウェストファリア条約に基づく国民国家であるのに対し、中国のそれは朝貢・冊封時代の領域観そのままの宗主権にある。南シナ海の八割を自国の領海であるとする根拠を、「古代以来、中国のものである」との常套句がそれを示している。

中国は建国以来この方、それまでの陸の国境線を尊重せず、「いまもまだ、これを書き換えようとしている」と、ニューデリー政策研究センターの戦略家、ブラーマ・チェラニー教授はいう。しかも、近年は劇的な軍事行動を避けながら「小刻みに侵略して、敵国の抑止態勢を崩すだけでなく、敵対国が開戦の責任を負わざるを得なくなる」よう追い込んでいくとみる。

「小刻みに動く」と相手国は深刻には対応せず、これを積み重ねて中国に有利な戦略環境をつくり、「標的とする国の抑止政策を混乱させ」てかすめ取る。これをチェラニー教授は「サラミ戦術」と呼んだ（二〇一三年八月六日付ワシントン・タイムズ紙）。

いまもインド国境では、中国軍の越境行動があり、圧力をかけた相手がひるみ、国際社会が反応を示さなければ、なお理不尽なやり方で自国の利益を拡大しようとする。文字通り十九世紀帝国主義の行動様式に一致する。その大陸国家の中国が北の国境線をロシアと画定し、南のそれをインドと画定すると、心おきなく海洋に進出してきた。日本を含めた海洋アジアの諸国は、中国による「海のサラミ戦術」に惑わされることになった。

中国の海軍力増強の狙いは、主に三つであろう。第一に台湾有事に際して米国海軍の介入を阻止するシー・パワーを手にすること。第二に海洋エネルギーを獲得するために、それらの海域で海軍力の優位を確保するという野心である。そして第三に、米国を中心とする既存の国際秩序に対して、自国のルールで押し切ろうとする。「現状維持勢力」に対する「現状打破勢力」による挑戦である。

二〇〇七年五月に訪中した当時のキーティング米太平洋軍司令官に中国高官が「太平洋の真ん中で分割統治しよう」と持ちかけたのは、そうした挑戦意識の表れであろう。当時のクリントン国務長官がその後、やはり中国高官から「ハワイも併合できる」と恫喝されたことを明らかにしている。経済成長を驀進《ばくしん》すれば、自動的に中国のエネルギー消費量が増え、その確保が至上命題になってくるのは避けられない。だが、中国の海軍力増強の三つの目標は、活力みなぎる新しい波のように海洋の覇権国である米国の波とぶつかることになる。

それは、戦後秩序を維持している米国に対する危険なゲームである。かつて、日米が一九二二年のワシントン会議で妥協を成立させ、太平洋の権益を東西に分割したことを想起されたい。しかし、日本の満州支配が事実上、その妥協を破壊するものになり、やがて日本軍を破った米国が太平洋の覇者、つまり海洋の秩序維持勢力になった。中国が米国に仕掛けた外交ゲームは、米国主導の国際秩序に対する挑戦なのである。

「専守防衛」では守れず

西太平洋に面した大陸国家が海に向かうとき、最初にぶつかるのは東シナ海と玄界灘で隔てられた日本である。西から押し出してくる荒波をふさぐように日本列島が行く手をさえぎっているからだ。四つの島だけで南北二千キロと細長く、一億数千万人が居住する世界屈指の経済大国である。島国である日本は、四方を海に囲まれているから通商国家としての有利さはあるが、逆にいうと海を面で取られれば、どこからでも上陸侵攻される脆弱性をもっている。この広い海洋を日本単独で抑えるのは、物理的に可能であろうか。

かつて、朝鮮戦争前の一九五〇年一月、当時のアチソン国務長官は米国の東アジアにおける防衛線は、「アリューシャン列島から日本を経て琉球に至る」「この線は、琉球を経てフィリピンに至る」と述べたことがあった。中国が太平洋に進出する段階を示す第一列島線は、この「アチソン・ライン」と重なっている。中国から見れば第一列島線は、米海軍の接近拒否ラインであり、米国から見れば中国海軍が太平洋への突破に備えるヘッジ・ラインにあたる。

いずれにしても、ライン上にある日本は、米第七艦隊の「矛」と海上自衛隊の「盾」で対中抑止力を維持している。しかし、この大陸国家がつくる〝巨大津波〟を前に、日米安全保障条約で米軍に基地を提供し、「盾」だけで島国を守ることが困難になってきた。二〇一〇年に宣言したオバマ政権の「アジア回帰」が怪しくなり、いまや日本も「矛」の一端を担う自立性が問われてきたのである。

まず、オバマ政権が核弾頭つきトマホーク巡航ミサイルを太平洋から撤退（二〇一〇年撤去発表）させたことで、米国の「核の傘」に対する信頼性が薄れてきた。シリアのアサド政権に対するオバマ政権の優柔不断な態度や、インドネシアのバリ島で行われたアジア太平洋経済協力会議（APEC）など一連の会議に大統領が欠席することなどにより、米国の影響力が損なわれつつある。中国がその米国の海洋覇権を侮って挑戦をしかけてくると、日本も独自の力を持たなければ「対中従属」の強要を防ぎきれなくなる。

戦後の日本は、第二次大戦前のフランス平和主義に似て、「専守防衛」だけで国土を守ろうとしてきた。作家のアンドレ・モーロワは、フランスが巨大な経済力と政治力を持ちながら、ドイツ全体主義という新興勢力に敗北したさまを著書『フランス敗れたり』で描いた。ドイツは着々と侵略戦争の準備を重ね、反戦平和のフランスは国境に防御の「マジノ線」という盾を構築した。独仏国境に築かれたマジノ線は防空に弱く、かつ、大量の戦車師団にベルギー方面から迂回されて、たちまち蹂躙《じゅうりん》されてしまった。「専守防衛」の破綻である。

このフランス平和主義がそうであったように、日本国憲法九条の「戦争放棄」が唱える空想的平和主義の呪文は、拡張主義の意思をもつ敵対国にはとても通じない。戦後日本が戦争を回避できたのは、九条ではなく日米安保条約の下で最強の米軍がにらみをきかせていたからである。モーロワは英国の援軍に依存した当時のような反戦平和では国を守れず、フランス自身が精神的にも道徳的にも強くなることを説いている。それなくして祖国は「やがてその自由を失う」と自省した。モーロワの教訓は、海洋アジアで砲艦外交に出る中国と、米軍に依存する現代日本の関係を彷彿とさせてはいまいか。

「南シナ海聖域化」から東シナ海へ

日本でも一九七〇年代から中国がやがて南シナ海の島々を奪取し、東シナ海の尖閣諸島に対する攻撃性を強めてくることに警鐘をならした人物がいた。杏林大学の平松茂雄元教授である。平松氏は中国共産党機関紙「人民日報」と軍機関紙「解放軍報」を精読し、小さな記事の断片をつないで全体像を描き出した。筆者が平松氏から南シナ海ののどかな風景写真を見せられたのは、一九八〇年代末だった。南海の美しいサンゴ礁で、漁師二人がのんびりと漁にいそしむ風景に見えた。だが、彼らがただ者でないことは、背後に翻る中国の五星紅旗に明らかだ。満潮時には没するサンゴ礁に、彼らは「海洋観測所」名目の中国海軍の警備所を建てた。八八年に中国海軍は南沙諸島に陸戦隊を送り、計六カ所のサンゴ礁を占領する。

やがて堅牢な軍事施設をつくり、ベトナムと交戦して艦船三隻を撃沈した。平松氏は中国の危険性について当時の防衛庁に進言したが、聞く耳を持たれなかった。彼は「中国が洋上防空能力を高め、南シナ海をはじめとする周辺海域を〝中国の海〟にしようとの意思の表れ」と警告した。しかし、当時の日本政府は、こうした中国の海洋戦略を過小評価していたのである。

カーネギー米国際平和財団のI・レーマン研究員は南シナ海に関する「バスタブで暴れる竜」との論文で、中国の元高官が「領土問題も重要だが、われわれの主たる関心は将来の海洋抑止力の生き残りにある」と語ったと書いている。戦略原潜の基地となる海南島を〝巣穴〟として、巨竜がこのバスタブを自由に泳ぎ回る聖域化戦略である。

冷戦期のソ連はオホーツク海に核ミサイル潜水艦を配備し、米海軍を近づけさせない聖域とした。これによって、ソ連は米国と同等の核抑止力を維持することができた。中国が狙うのは、とてつもなく大きな南シナ海である。オホーツク海に比べると、世界の海上ルートの中でも格段に通航量が多い。中国はすでに海南島の軍港に射程八〇〇〇キロ以上の弾道ミサイル「巨浪2型」を搭載する新型「晋」級原潜を一部配備して、徐々に増強する計画であるという。中国海軍が弾道ミサイルの射程を延ばして、南シナ海から米本土を狙えるようになれば、第二撃報復核戦力による「海洋戦略抑止力」を獲得することになる。中国は米国核の脅威から免れ、周辺国に対して遠慮なく砲艦外交が展開できるようになる。

中国が南シナ海を「核心的利益」としてベトナム、フィリピンと衝突するのも、この聖域化戦略と無縁ではない。二〇一三年三月も中国海軍艦船がマレーシア領海を侵犯し、二〇一四年五月にはベトナムと争うパラセル諸島で、石油掘削装置（リグ）の設置を強行した。リグを護衛するために、七隻の軍艦を含む八十隻という異常な数の艦船を動員している。元来、争いごとを嫌う東南アジア諸国連合（ASEAN）も、ついに「深刻な懸念」を表明する異例の外相会議声明を出したほどである。残るは中国が台湾を攻撃する際、介入してくる米艦隊をどう阻止するかである。したがって、中国は東シナ海の出口をふさぐ尖閣諸島を確保する誘惑にかられるのだ。この海域に米海軍を寄せ付けない作戦の一つである。

「フランス敗れたり」を避ける道

新たに海洋覇権を狙う勢力は、外洋に乗り出すための橋頭堡《きょうとうほ》となる海域をまず制圧しようとする。海洋国家としての米国にシー・パワーの増強を説いた戦略家アルフレッド・マハン提督は、やはり旧大陸からの介入を阻止するためにカリブ海の防衛体制を固めることを強調していた。マハン研究が盛んな中国にとっての橋頭堡は、まず地勢的に近い南シナ海であり、次いで南西諸島に出入り口をふさがれている東シナ海である。

二〇一二年九月に日本政府が尖閣諸島の所有権を政府に移して以来、それを奇貨として中国の公船が尖閣周辺の領海内に侵入するようになった。中国外務省の報道官は一三年四月二十六日に、尖閣を「核心的利益」と位置付けるかのような発言を行った。中国が台湾、チベット、新疆ウイグルなどに限定的に使ってきたこの表現を尖閣に使用したのは初めてであった。いったい中国はどんな戦術で島嶼をせしめようとするのだろうか。

フィリピンが実効支配していた南シナ海のスカボロー礁(中国名、黄岩島)で、二〇一三年に中国がかすめ取った手口を中国海軍の張召忠少将(国防大学教授)が中国メディアのインタビューに答えている。直前までは岩礁周辺で中比双方がにらみ合い、台風が接近したためフィリピンが後退したスキをついて中国海軍が占拠した。張少将の中国紙記事を転伝したフィリピン紙によると、中国海軍は戦闘艦などでこの岩礁を幾重にも包み込んで、まず海を面でとる。戦闘艦艇、漁業監視船、さらに海洋監視船を周辺に配備して、継続的に監視する「キャベツ」戦術を展開したという。

張少将は「この戦術によって島嶼や環礁を回収し、防衛する十分な経験を得た」と誇示している。中国はすでに、この海域でミスチーフ環礁(美済礁)を分捕り、アユンギン礁(仁愛礁)と獲り、その上に立って少将は「国際法規を遵守するが、武力によって島嶼を完全に回収することもあり得る」と豪語している。まるでプロイセンの熱血宰相、ビスマルクが語った国際法に関する発言のようだ。ビスマルクは「大国は自分の都合のよいときだけ守り、都合が悪くなると兵を繰り出す」と帝国主義の極意を述べている。

モーロワは先の著書にある最終章で、戦争を避ける法について「強くなること」と断言しつつ、政治が敏捷に行動すること、国の統一を保つこと、そして外国政治の影響から世論を守ることなどを挙げている。最後に「フランスよ、汝も祖国に忠誠であれ」と呼びかけた。それこそが、「ニッポン敗れたり」を避ける道なのではないか。

英国が死守した情報網と勢力均衡

モーロワの警句は、高坂の「海洋国家論」に通じるものがある。高坂はその論文集で、中国が核保有国になったことにより日本に「対米従属と対中従属というジレンマは実在し、それを逃れる道は日本みずからの力を強める他はないのだ」と述べていた。東西でしばしば日本と対比される英国は、欧州大陸の縁辺に横たわる島国であるが、外に向かって自立の道を歩んだ。十九世紀の英国は大陸の動向に「情報活動」で注意を払い、同時に大陸との「勢力均衡」に腐心した。

英国は一七九五年にマレー半島の西岸にある東西貿易の中継地マラッカを占領して「海洋アジア」の橋頭堡を築いた。英国植民地行政官ラッフルズはマラッカ海峡から南シナ海、東シナ海を北上する〝海の道〟に沿って、十九世紀半ばにはシンガポール、香港、上海を繋ぐ壮大な「海の帝国」をつくった。しかし、この栄華を誇った海洋国家の秩序も、第二次世界大戦を境として米国の登場、大日本帝国の崩壊、中華人民共和国の成立などによって、米国がつくる戦後の地域秩序に差し替えられていく。

巨大な海洋国家である戦後の米国は、かつて英国が香港など沿岸都市を戦略拠点にしたように、日本をアジアにおける戦略拠点に活用した。日本から東南アジア、インドを経由してペルシャ湾岸に至るまで「大きな三日月」（アチソン国務長官）によって、国際共産主義の脅威を封じ込めた。そのうえで米国は、ハワイの太平洋軍司令部を車軸のハブとして米日、米韓、米比、米台、米タイなど二国間の条約や協定を車輪のスポークに見立てた安全保障体制を構築した。

政策研究大学院大学の学長、白石隆氏によると、米国が築いたアジアの戦後地域秩序は、日本、韓国、それに東南アジアの諸国の主権を認めつつ何らかの影響力を及ぼすシステムである。しかし、台湾への武力行使を排除しない中国だけが十九世紀的な国家主権ゲームを展開し、やがて経済力をつけるや軍事力を増強し、白石氏のいう米国のヘゲモニー「構造的力」に挑戦を始めた（白石隆『海の帝国』）。

他方、戦後の英国は大英帝国としての地位を失い、軍事力で米国の後塵を拝しながらも、その米国に影響力を持ち続けていた。それを可能にしたのは、祖国への誇りと世界にはりめぐらされた英国の情報網、それに汎用性の高い英語という言語力であったと思う。サッチャー政権の時に発生した一九八二年四月のフォークランド紛争では、領土を断固として守る姿勢を示して海洋国家の面目を保った。

海洋国家の「遠交近攻」外交

日本にも、江戸後期の頃から「海を活用すべし」として海洋国家論を説いていた学者は数多くいた。仙台藩士の林子平は長崎に遊学して『海国兵談』を著し、「江戸の日本橋より唐・オランダまで、境なしの水路なり」との有名な一節で海防の急務を説いた。水戸藩士で思想家の会沢正志斎も『新論』で、「西洋人は巨艦大舶に駕し、（中略）大洋を視て坦路となし、数万里の外も直ちに隣境となす」。つまり、日本は海によって閉ざされているのではなく、海で世界と直結しているという発想であった。

明治期の目覚ましい近代化は、西洋からの脅威としてやってきた。海からの脅威が近代化のエネルギーを生みだしたように、いまは、皮肉にも中国からの脅威が日本に真の海洋国家になるよう促しているのではあるまいか。日本が強力な抑止力を持たずに、国土を明け渡してしまうスキを見せては、中国からのさらなる侵略を封じることはできない。

日中関係は二〇一二年九月に野田政権が尖閣諸島を国有化して以来、戦後、もっとも厳しい局面を迎えている。尖閣諸島の領有権が日本にあることは言うまでもない。だが、中国指導部が九二年領海法に尖閣の所有を書き込んでいる以上、彼らは決して引くことはしないだろう。国力に自信をもつ中国は、国内法を国際法に優先しているからである。日中がともに引けない以上、武力衝突に至らない知恵を絞りださねばならない。

尖閣諸島周辺海域で中国の公船が領海侵犯を繰り返しても、日本はこれを排除することができない。領海を守るための領域警備法が、海上保安庁や海上自衛隊にいまだ与えられていないからである。海上保安庁法は海上の安全と治安の確保を義務づけるだけで、任務の対象も「軍艦及び公船を除く」とあって民間船舶しか取り締まれない。自衛艦もまた、「わが国に対する急迫不正の侵害があること」など条件の厳格な防衛出動が発令されないと動けない。自ら抑止力の芽を摘んでいては「海洋国家」の要件を満たしているとはいえないだろう。冷戦時代の米国とソ連は、軍同士の相互連絡メカニズムを構築して、偶発的な衝突を回避してきた。日本も同様の呼びかけを中国にしているが、彼らはこれを拒否しているのが実状だ。

それらを前提に考えると、日本に必要なのは、果敢な「情報活動」で大陸の動向に細心の注意を払い、大陸との「勢力均衡」に腐心した英国モデルの採用であろう。日本の場合は核戦力も空母打撃群もない中で、とりわけ戦略的能力を持つ長距離弾道ミサイルの配備が重要になる。二〇〇四年に公明党の反対で流れてしまったのはまことに遺憾だ。中国はすでに射程一五〇〇キロの対艦ミサイルを開発中であり、海南島に配備すると台湾海峡からU字型海域の南シナ海がすっぽりと入る。かつ二〇一二年に韓国がミサイルの射程を八〇〇キロに延ばしており、安倍政権に再検討することを期待するしかない。

日本の防衛費増により、先島諸島など島嶼攻撃に対する対応、対艦ミサイルの配備、弾道ミサイル攻撃への対処、監視体制の強化などにより、「領域防衛」の体制を固める。重要なのは、先制攻撃を可能にする決意であって、攻撃力と防衛力がなければ抑止力は成り立たない。日本にちょっかいを出せば、中国も痛手を被ることになるとの意識を持たせることである。

「アジア海洋同盟」の構築へ

いまや、米国と中国の軍事バランスは、米太平洋軍が単独では「数的劣勢」にあることが明らかになっている。英国際戦略研究所の二〇一一年版「ミリタリーバランス」などを基に専門家がまとめた数でいうと、主要水上艦艇数は中国軍の三十六隻に対して米軍が九隻、戦闘機数は中国軍四百三機に対して米軍百五十四機と中国が圧倒する。日本と米国はこの劣勢をどうしたら覆すことができるのか。米軍に加えて日本の自衛隊、韓国軍、オーストラリア軍の同盟軍が参加すると、同盟国が「数的優勢」に転じる。艦艇では三十六対八十一に、戦闘機で四百三対八百三十五となって逆転する。

これらは数量面だけで兵器の質的能力ではないが、中国軍は質量ともに右肩上がりである。いまの韓国を中国の〝従属変数〟ととらえた場合には、東南アジアの海洋国家との連携がいっそう重要になることは明らかだろう。韓国と同じように、中国と陸続きのミャンマー、ラオス、カンボジアなどインドシナの「半島アジア」は同じく従属変数に陥りやすい。アジア太平洋の力学が数年のうちにパワーシフトする前に、中国に対抗する「海洋アジア」の同盟を構築しなければならない。

米国の対アジア戦略は、すでに述べた米国をハブとした米日、米韓、米比、米台、米豪、米タイなど、それぞれとスポークで結ぶ「ハブ・アンド・スポーク」の二国間同盟から形成されている。しかし、オバマ政権は相対的な国力低下と財政難から、多国間を網の目で結ぶ「ネットワーク」防衛に戦略を転換しつつある。帝国主義化する巨大中国に対し、米国を核とする「アジア海洋同盟」の防衛体制である。

すでに、安倍政権はこうした枠組みを意識してか、日米同盟を基礎として中国と韓国以外のアジア諸国との関係強化につとめている。安倍首相がたびたび東南アジア各国を訪問して、集団的自衛権の正当性を説明し、日米同盟の強化が南シナ海や東シナ海の安定につながることを強調するのは妥当な外交である。

インドネシアのユドヨノ前大統領は日本の民主党政権時代に、中国が自国の規範を押しつけてくることを懸念し、日米豪との連携を探ってきた。二〇一一年一月に国防大臣を東京に送ってきたが、武器輸出三原則がカベとなって通常型潜水艦や巡視船の供与などに答えられなかった。安倍政権はこの連携を再構築しなくてはならない。

安倍外交は、「遠交近攻」という中国古来の手法を援用し、中国の侵略意図を削ごうとしているように思える。遠い国と手を組んで、近くの敵に二正面や三正面作戦を強いる戦いをいう。安倍首相はこれまで、東南アジアを経由した海洋国家群の南回りと、ユーラシアの大陸国家群の北回りの外交をもって、中国に対中包囲網を意識させた。日米同盟を土台として欧州へ筋交いを延ばし、「国家の耐震性」を強くする考え方である。

「アジア海洋同盟」の輪は日米比だけでなく、領有権を巡って中国と対立しているベトナム、マレーシア、ブルネイにも拡大しつつある。シンガポールも米国海軍の戦闘艦を複数配備することを容認し、インドネシアも「日米同盟はアジアの公共財」（ジュウォノ元国防相）と公言して、中国の拡張主義に対する警戒を緩めない。オーストラリアには日米豪協調をうたうアボット保守政権が誕生したばかりだ。対中警戒を強めるインドは、東南アジアと協調し、印豪防衛協力を模索している。

アジア海洋国家群の海軍建艦競争は活況を呈し、フィリピンは二〇一二年から総額九億ドルの五カ年近代化計画を推進し、ベトナムは中国に対抗して海空軍力を中心に二〇一二年度の国防予算を二〇〇八年〜二〇一一年度から一五〇％増にする。シンガポールは駆逐艦より小型のコルベット、マレーシアの沿岸戦闘艦、ブルネイには外洋哨戒艦が配備され、以前よりも大型化しているという（四月二十一日付ディフェンス・ニュース）。二〇一三年に東南アジアで開催された国際会議での「オバマ不在」が、中国の影響力拡大につながったとの論評を聞く。だが、表面的な外交スマイルとは別に、実際には中国の硬直化した姿勢に同調する国は「半島アジア」の一部に限られる。

こうしてみてくると、日本政府の従来の「集団的自衛権の行使はできない」としてきた憲法解釈が、いかに時代に取り残されたものだったかが分かる。東南アジア、インド、豪州などとの協調は、広い意味の集団的自衛権の行使につながり、そもそも「行使」がなければ日米安保条約でさえ成り立たない。筋交いの補強には安全保障面だけでなく、成長する東南アジア諸国連合（ＡＳＥＡＮ）と日本が連携するという経済の「遠交近攻」もある。傲慢な中国の巨大市場だけに依存する必要がなくなるからである。

歴史上、海に出てきた大陸国家が力を振り回すとき、多くは奢りから周辺国の反発を買い、戦費の重圧によって衰退していった。十六世紀のオスマン帝国、十八世紀のフランス帝国、十九世紀の統一ドイツ帝国などが崩壊の道をたどる。

対する海洋国家は、一八四〇年代の英国、一八七〇年代の米国である。そして日本はいま、ようやく「海洋国家」として中国に対峙している。中国が「責任ある大国」として日本や東南アジア諸国と交流する方が、彼らの国益にかなうと気づくまでは、中国の圧力に耐えなければならない。台湾の要人は「中国との不安定な関係は六十年に及ぶから、台湾には免疫ができている」と筆者に語ったことがある。日本は抑止力を整え、この免疫力を加味して巨大軍事国家と均衡させる道を探るべきであろう。

■アメリカの変節がもたらす衝撃に備えよ

杏林大学名誉教授
田久保忠衛

■たくぼ ただえ

昭和八（一九三三）年生まれ。早稲田大学法学部を卒業後、時事通信社に入社。ハンブルク特派員、那覇支局長、ワシントン支局長、外信部長、解説委員を経て編集局次長。同社を退社後、杏林大学社会科学部教授、同学部長を歴任。専門は国際政治学・国際関係論。第十二回正論大賞受賞。著書に『レーガン戦略と日本の破局』『ニクソンと対中国外交』『激流世界を生きて』など。

「米国は世界の警察官ではない」

二〇一三年十二月二十六日の安倍首相による靖国神社参拝は、国際政治はもちろん国内政治にも画期的な事件だったと思う。国際政治的には、中国や韓国の反対は当然織り込みずみの判断だったろうが、米国までもが「失望した」との反応を示した事実は、戦後冷戦体制⇒冷戦終焉⇒一（米）プラス六（日本、中国、ロシア、英国、フランス、ドイツ）による秩序⇒中国の台頭と「内向き」の米国という方向に国際秩序が変化している現実を鮮やかに引き出した。

同時に国内的には、いかにも現実主義者の鬘《かつら》をかぶりながら、その時々に関係国を刺激しないことを至上命題としてきた人々にも少なからぬ衝撃を与えたのではないか。首相の参拝には事前に首相官邸の内外で反対論が渦巻いていたと聞く。これらの人々から出てくる感想は、「安倍さんなりに国民との公約を守ろうとする信念を貫かれました」などといういい加減なものだが、私は首相の行動こそが戦後政治でも希《まれ》に見る優れた政治的判断に基づくものだったと考える。

「平和的台頭」と称して近隣諸国の意向を無視しつつ「危険な台頭」を続けている中国にどう対応するのかは、日本だけでなく、国際社会の一大課題だろう。ヒト、モノ、カネの国境がなくなったグローバリゼーション化の中で中国との経済関係を持たないわけにはいかないが、中国の振る舞いは日本、東南アジア諸国連合（ＡＳＥＡＮ）の中でもとりわけベトナム、シンガポール、インドなどとの間で険しく死活的な主権をめぐる摩擦を引き起こしている。

これらの国々にとって安全保障面で戦後一貫して警察官の役割を演じてきた米国以外に依存できる国は存在しない。経済的に中国、安全保障面で米国依存という冷戦構造とは本質的に異なる国際秩序の中で、オバマ大統領の口から「米国は世界の警察官ではない」との発言が繰り返されれば、同盟国や友好国にいかなる影響を及ぼすか説明の必要もない。

現に、秩序の中心だった米国というボルトが緩くなった中東全体に国際秩序の一大変化が生れつつある。同時に米国の「内向き」の姿勢はアジアにも濃厚に表われ始めた。「失望した」との反応を引き出した安倍参拝は、国際情勢の中で日本がどのような立場に置かれてきたのかを国民に知覚させる警鐘になった。

靖国参拝はなぜ外交問題になったのか

靖国神社参拝の最大の問題は、一九八五年に中曽根首相による参拝が中韓両国によって外交問題にされ、内政干渉を許してしまったという一点にある。一部の新聞が火をつけたのは事実だろうが、それで腰を浮かせたのは外務省ではなかった。当時の首相の取り巻きは「靖国神社」を「外交問題にしてはいけない」と覚っていたかどうか。当面相手を刺激したくないチャイナ・スクールの仕事の集積が中国や韓国をつけ上がらせた。それをいかにも賢い外交であるかのように扱い、ことの本質を知った人々をタカ派と扱ったマスコミはどこだったのか。みな同罪ではないか。中曽根首相は中国の最高指導者が国内で孤立するのを救うために靖国参拝を中止したのだなどと奇妙な弁解をしていたが、責任は免れない。

新聞で報道されたところによると、首相補佐官の衛藤晟一自民党参議院議員が事前に訪米し、政府関係者を含む有力者と会って安倍首相が参拝したらどうかと意見を聴いて回ったらしい。公式なのか非公式なのか分からないが、純粋な国内問題でありながら米国の意向を確かめる慣習がまたできるのではと気になる。

小沢一郎氏が多数の民主党議員や後援会の関係者を引き連れて北京詣でをしたことがある。衛藤補佐官は外国の歓心を買おうとしたのとは訳が違うだろうが、最大の同盟国とはいえ参拝で米国の意向を打診する必要があるのだろうか。同補佐官が会った相手は大方「行かない方がいい」との意見を表明したという。首相周辺あるいは外務省の雰囲気とピタリと一致している。にもかかわらず、首相は判断した。だからこそ、私は首相の参拝を高く評価しているのだ。

驚くべき記事を二〇一四年一月三十日付産経新聞一面トップで読んだ。

《昨年12月12日夜、安倍晋三首相は日本、中国、韓国を歴訪して帰国したバイデン副大統領から電話を受けた。事実関係を知る政府関係者によると、首相はその内容に驚きを隠さなかったという。バイデン氏はこう述べたのだ。

「韓国の朴槿恵大統領には『安倍氏は靖国神社に参拝しないと思う』と言っておいた、あなたが不参拝を表明すれば、朴氏は会談に応じるのではないか」

どうして頭越しに朴氏にそんなことを言ったのか――。首相はただちに自身の真意を告げた。

「私は第1次政権のときに靖国に参拝しなかったことを『痛恨の極み』だと言って、衆院選に勝った。参拝は国民との約束だと思っている。いずれかの段階で行くつもりだ」

参拝の意思を明確に伝えたものだったが、バイデン氏はあっさりと「行くか行かないかは当然、首相の判断だ」と答えたという。

首相はさらに、日韓首脳会談を阻む最大の壁は靖国神社ではなく、むしろ慰安婦問題だとも説明したが、バイデン氏がどこまで理解したかは分からなかった。

ただ、靖国参拝に関して「首相の判断だ」と認めていたことから、日本側は米国が同月26日の首相の参拝に「失望」まで表明するとは予想していなかった》

産経新聞以外にもバイデン副大統領と安倍首相とのやりとりがあったと報道したメディアもあったが、産経の表現が最も正確で、首相、副大統領間のやりとりで生じた感情的行き違いが読者に伝わってくる。しかし、副大統領が感情的になって「失望」の表現を入れさせたにせよ、失望の理由は「日本の指導者が近隣諸国との緊張を悪化させるような行動を取ったこと」と声明に明記されている。副大統領は当然ながら日韓間の関係正常化を念頭に置いて首相と会話したが、日中関係は緊張したままでいいと判断しているはずはない。二〇一三年十二月初めのバイデン副大統領の日中韓三国歴訪は前々から予定され、東京、北京、ソウルを回った副大統領は、とりわけ中国とは経済を中心とした広範な話し合いを持った。訪日の直前に中国による防空識別圏（ＡＤＩＺ）設定という突発事件があり、バイデン副大統領は安倍首相とこれについて打ち合わせたあとに北京を訪れたのだが、ＡＤＩＺをめぐり日米両国と中国が対立したとの構図が日本のマスメディアによってつくられたとすれば、現実とは合わない虚構だと言っておこう。

副大統領は習近平国家主席にＡＤＩＺは「認めない」と述べながら、安倍首相が要望した「撤回」には踏み込んでいない。「認めない」と述べただけで、以来米政府の立場は変わらない。日本は、米国に対して民間航空会社に飛行計画を中国に提出することを見合わせるよう要求したが、米側は「一般論として外国の航空情報に合わせることが望ましい」と応じただけだ。

二〇一〇年九月に中国漁船による海上保安庁巡視船追突事件を契機に発生したいわゆる尖閣問題も考えてみれば、米国の態度は不思議だ。領土問題には中立の立場を取ると明言しながら、日米安保条約第五条は適用すると言う。矛盾していないか。安保条約が適用される対象は、日本の領土だから当然だろう。にもかかわらず、「日本の領土である」と言えない。尖閣諸島は沖縄返還と同時に米国から施政権を移された地域であり、一部は米軍が射爆場に使っていた。しかも、アジアにおける米軍最大の嘉手納基地が目の前に位置している。

中国がらみの政策で日米間に齟齬《そご》をきたした例は過去にもある。一九七一年七月十五日に二クソン大統領が抜き打ちに発表した訪中である。仰天した日本はその翌年に田中角栄首相が中国に飛び、やにわに国交を樹立した。ニクソン大統領は国交正常化を試みただけで、米国は七年間中国を観察してカーター政権が七九年一月一日に国交を樹立した。米ソ関係が緊張していて、共通の敵ソ連に対抗する「チャイナ・カード」、「アメリカン・カード」が米国側にも中国側にもそれぞれ必要になった頃合いを双方が狙った。

その二年前の六九年にはいわゆるニクソン・ドクトリンが発表され、以後日本と韓国を除き米地上戦闘部隊はアジア全域から逐次撤兵されてきている。ニクソンの狙いは単なる軍事上の合理性を求めるほかに、ソ連の軍事的脅威に備えるための対中接近があった。

中国のサラミ・スライシング戦略

では、「失望」声明の背景は何であろうか。バイデン副大統領による安倍参拝への感情的反発はあったかもしれないが、衛藤補佐官が感じ取ってきたように、米要路を含む人々による「同盟国や友好国」が引き起こす争いごとに巻き込まれたくないとの気持は、米国民一般に広範にわたっているのではないだろうか。そこに入り込む前にもう少し現象面での観察を進めよう。

国家基本問題研究所は、かねてから東京に視点を置いた国際情勢分析にはそれなりに意味はあるが、大局観に欠けるとの見地に立ってきた。二〇一〇年は日米安保改定五十周年にあたり、われわれは全地球的な発想で日米同盟を考える国際会議を開いた。他の人々の目には仰々しく映ったかもしれないが、題名は「インド洋の覇権争い―21世紀の大戦略と日米同盟」だった。米国からは国防省顧問のマイケル・ピルズベリー、インドから戦略研究センター教授のブラーマ・チェラニー教授、中国現代国際関係研究員の楊明傑氏を招いた大討論会は日本でも珍らしい戦略性を帯びた内容だったと思う。以来チェラニー氏との交流は相互に続き、中国や米国を局部的ではなく全体的に観察する作業をわれわれは続けている。

チェラニー氏は巧みな表現を使うと感心したが、中国は建国以来サラミ・スライシング戦略を取ってきたという（ワシントン・タイムズ二〇一三年八月六日付）。先ず新疆《しんきょう》ウイグル、チベットを強制的に併合して自国の面積を二倍強に増やし、①一九五四年から六二年にかけてインドのジャンム・カシミール州にあるスイスと同じ面積のアクサイチン高原を少しずつかすめ取った、②一九七四年には西沙諸島に、八六年はジョンソン・リーフへ、九六年にはミスチーフ・リーフへ、二〇一二年にはスカボロー礁へと進出した、③尖閣諸島にあからさまな形で出てきたのは二〇一〇年である。

中国はジリジリと、時間をかけて、仮借なく勢力を伸ばす。チェラニー氏がアクサイチン高原で実際に発生した例によく挙げるのは、牧草地に中国人の牧場主がやってきて、インド人牧夫を次第に追い出す例だ。もめごとが起これば、自国民の生命、財産を守るためと称して軍事介入の道が開かれる。「自分の物は自分の物」だが、他人の物に「自分の物だ」との注文をつけ、それを認めたら最後、外交交渉になる。その結果サラミをスライスするように領土が次第に削り取られる。

交渉をする前に力で阻止しない限り、中国人の増加は限りなく続いて行く。これまでの例から、相手が手強《ごわ》く、自分が出血すると見るや慎重になるとチェラニー氏は指摘する。アクサイチンのほかアルナチャルプラデシュ州でも同じ問題をかかえているインドは、流石に相手の出方を見抜いている。

靖国に関する理解の薄い米国

話を戻すが、首相の靖国参拝は日本人が死者とどう向き合うかの霊魂に関する宗教的慣例だ。これがいつの間にやら外交問題にスリ換えられてしまった。だから、中韓両国は靖国問題を外交のオモチャにしているのだ。安倍首相の行動は外交にからめない一九八五年までの状況に戻したい思いに尽きる。

これを米国の要路が知らないとすれば、中韓両国が、初代韓国総監を務めた伊藤博文元首相の暗殺犯、安重根の記念館を、事件現場であるハルビン駅に開設した非常識に、「中韓の指導者が近隣国の緊張を悪化させるような行動を取ったこと」に「失望した」となぜ声明を出さないのだろうか。靖国を外交の道具に使って日本を押さえつけようなどとの悪質ないたずらが分っていれば、オバマ大統領の前までの歴代の大統領が守ってきた靖国問題にはコメントしないという姿勢をオバマ政権も貫くべきだった。

靖国神社に関する米国の理解は薄いと思う。戦勝国が敗戦国の日本を二度と立ち上がらせないようにとの意向がすこぶる大きかっただろう。日本人の少なからぬ人々がいまだに後生大事に戴く日本国憲法の出自が連合国総司令部（ＧＨＱ）のホイットニー民政局長とケーディス次長が元案をつくって日本側に押しつけた事実はいまでは誰もが知っている。ＧＨＱは国家神道を「軍国主義・超国家主義」の源泉と見なした。一九四六年末には「国家神道、神社神道ニ対スル政府ノ保証、支援、保全、監督並ニ弘布ノ廃止ニ関スル件」が出された。日本の国柄への誤解はここから始まっている。

奇怪なのは近隣諸国からボクシングのサンドバッグのように殴られるごとに謝罪し、償いのお金まで差し上げ続けてきた日本を、いまに至るまで危険視し、中韓両国への批判をいっさい控えている向きがいまだに米国に存在することだ。「弱い日本」(weak Japan) 派と称したらいいのか、リベラル派と形容したらいいのか、国際情勢の激変や日本社会の変化に全く目を向けようとしない。

直接、間接日本に関わりのある米研究者、学者、官僚の中には、いまだにあたかもＧＨＱのような態度で、「改憲」、「靖国」、「天皇」などに対して高飛車な反応をする向きがある。流石《さすが》に「軍国主義者」とか「超国家主義者」とわめき散らすのは時代錯誤と気付いてか、最近は「ナショナリズム」「ナショナリスト」が米国の新聞による安倍批判のキーワードになった。いちいちウィーク・ジャパン派の名は挙げないが、米国を代表する新聞ワシントン・ポスト、ニューヨーク・タイムズ両紙の記事と論調はその典型だ。

戦後五十五年が経った二〇〇〇年五月の話である。森喜朗首相が神道政治連盟国会議員懇談会の集まりでのあいさつで「まさに天皇を中心とした神の国であるぞということを、国民の皆さんにしっかりと承知していただく」と述べた。ごくあたり前の発言だが、日本の新聞が報道し、これをもとにワシントン・ポストが「神の国」を「神授」(divine country)と誤訳し、「米国の政策立案者たちはこれに注意を払う必要がある。この発言は日本におけるナショナリズムの感情の強さを示している。そして、首相がいくらダメージ・コントロールに努力しようとも、この発言には日本の領土拡大論者が抱く、アジアとの、さらには最後に米国との戦争に駆り立てた神秘主義的好戦主義が含まれていることを物語っている」と論じた。日本の領土拡大論者?のおどろおどろしさと日本を理解しようとの努力をしない米国の一部知日派による怠惰は何ごとだろうか。

安倍政権発足後の二〇一三年春に、閣僚を含めた政治家の靖国参拝、「侵略の定義」に関する安倍首相の発言、一部政治家の慰安婦発言を批判したニューヨーク・タイムズ、ワシントン・ポスト、それに保守系のウォールストリート・ジャーナルまでが筆をそろえて安倍批判を行った。いずれもGHQが被占領国を見下したような態度で「ナショナリズムの危険」を説き、日本国憲法の枠から外れることはまかりならぬ、と命令している。

参拝後のニューヨーク・タイムズ紙の社説は「日本における危険の多いナショナリズム」

だった。同紙は、もっともらしく、朝毎読三紙が反対し、今上天皇と昭和天皇も靖国参拝は控えておられたと軽く書いているが、朝毎読に神道と靖国神社への理解がどれだけあるか疑問だし、賛否両論の世論は大体互角だ。ましてや天皇陛下は参拝を控えられた、などの御意向は誰がどう確かめたのか。

自由な言論と報道を旨としてきた、米国を代表するこの新聞の結論は、「安倍首相の究極の狙いは、戦争の権限を制限している日本の不戦憲法改正にある」と腹のうちを見透かしたような書き方をしているが、米国は厳しい国際情勢下に置かれた自国の苦しい立場も弁《わきま》えず、永久に日本に「不戦憲法」(pacifist constitution) を守らせておくつもりなのだろうか。リベラル派で固まったオバマ政権が「失望」声明を出したことと、ウィーク・ジャパン派の存在は無関係ではないのではないか。

アジアに対する米国のピボット政策

中国にいかに対応するか、米国は読みを間違ってきた。チェラニー氏が警告しているとおり、中国の近隣諸国に対する言動には強引なものがある。にもかかわらず、二〇〇五年九月にゼーリック国務副長官が有名な「ステークホールダー」演説をぶった。国際秩序にぶら下がって恩恵を受けているだけの参加者でなく、責任を持つ秩序の維持者になれとの呼び掛けであった。これに呼応するように、中国の対外スポークスマンであった鄭必堅・中国改革開放フォーラム理事長は、今後の中国は「平和的台頭」で進むと応じた。

中国を国際社会の一員として取り込んでいくというニクソン大統領以来の「関与政策」はうまくいったとゼーリック副長官は確信したのだろう。「米国の対中関与政策は成功した。ドラゴンは正体を現わし、世界に加わった。いまや国連から世界貿易機関まで、オゾン破壊から核兵器に関する合意まで、中国は一人前のプレーヤーになった」（二〇〇五年九月二十二日、ニューヨーク演説）と意気揚揚と述べていた。

当時の米国の主たる関心はアフガニスタンやイラクでのタリバンやアルカーイダとの戦いであって、中国と正面から向き合う姿勢はなかったと言っていいだろう。が、オバマ政権はブッシュ前政権の批判を土台にして誕生したから、中東・中央アジアに展開し過ぎた兵力引き揚げに重点を移行する。そこには、中国が「平和的台頭」の道を歩んでいるとの前提があった。しかしこの間に「富国強兵」の道を驀進《ばくしん》したのが中国であった。

「平和的台頭」ではなくて、「危険な台頭」ではないか、とオバマ政権が気付いたのは二〇〇九年に海南馬の南約百二十キロの水域で米海軍の音響測定艦インペッカブルが中国の艦船や漁船にいやがらせを受けた事件で米国内の世論が中国批判で沸いたころからだったと考えられる。

米中関係は急速に悪化していく。同年末にコペンハーゲンで行われた第十五回気候変動枠組条約締結国会議での激しい両国政府代表の対立、一〇年に入ってから米政府の台湾向け六十四億ドルに上る武器輸出、オバマ大統領とチベット仏教指導者ダライ・ラマとの会談、ハノイで開かれたＡＳＥＡＮ地域フォーラム（ＡＲＦ）でクリントン国務長官は、南シナ海への中国の進出は、航行の自由、国際法の尊重にかかわると激しく中国を批判した。このあとも中国の南シナ海における攻撃的な行動は一向にとまらない。この中で尖閣問題が発生したのである。

米国がアジアに軸足（ピボット）を移すという意向が初めて表面化されたのは、クリントン長官が米フォーリン・ポリシー誌二〇一一年十月号に書いた「米国の太平洋の世紀」と題する一文においてだ。ピボット政策あるいはリバランシング（均衡再調整）など言い方は変わったが、アメリカは中東・中央アジアからアジアへの軸足を移動するという方針の表明にほかならない。一一年には九・一一同時多発テロの首謀者オサマ・ビンラーディンの殺害に成功し、一一年末のイラクからの全面撤兵を決め、一四年末には大半の米軍をアフガニスタンからも引き揚げる方針が決まる一方で、アジアに台頭した中国の異常な行動が無視できなくなってきたのである。ただ、クリントン長官の文章の中でも「中国を含め台頭する国々とのいまの関係を深化させたい」と慎重な言い回しをしていることは注意しておいていい。

米国は一時的には中国と対立するような姿勢を示すことはあっても中国に関連した軍事的対決には極めて慎重になっている。軍事、経済力を持ったプレーヤーとして、力でコントロールするのは困難と判断したのではないか。例えば、二〇一〇年三月二十六日に黄海上の南北軍事境界線と考えられている北方限界線（ＮＬＬ）近くの白翎島南西で韓国海軍哨戒艦「天安」が沈没した事件では、中国は終始北朝鮮の肩を持って、撃沈されたとする米国、韓国、日本の主張を激しく攻撃した中で、米国は主導権を取ろうとはせず、国連安全保障理事会では北への制裁決議どころか、非難決議すら出せなかった。この八カ月後に北朝鮮は、ＮＬＬを越えた大延坪島にいきなり砲撃してきた。砲弾数は百七十発、うち八十発が向島に着弾し、あとは海上に落下したというが、誰が考えても異常な事件だ。最大の疑問は米韓相互防衛条約を適用すべきだったかどうかよりは、むしろ熱《いき》り立つ韓国軍をひたすら米側は押さえにかかった点だ。

オバマ政権にはとりわけ「同盟国や友好国がらみの戦いに巻き込まれたくない」との傾向が強いのではないかと感じたのは、二〇一一年三月に行われたリビアへの軍事介入だ。米英仏など六カ国による軍事介入にはドイツ、オランダなどの主要国が不参加で、ゲーツ米国防長官は六月に退任にあたっての「お別れ講演」で「国防に力を入れる気も能力もない同盟国を支援するために貴重な資源を割く意欲や忍耐は次第に減退していく」と正直な米国の国民感情を吐露した。同長官は最近出版した回想録の中で、政権内の意見が二つに分かれ、介入する場合に数々の条件がつけられた様子を詳述している。指揮権を英仏両国に渡す、地上戦闘部隊の投入はしない。この武力行使では「戦争ではない」との立場を取る、武力行使の範囲と期間を切る、などの細かい縛りを自らに課したうえで、他国の指揮の下に米軍が参加する例はこれまでになかったのではないか。力の行使を嫌い始めた米国は、同盟国の「暴走」に神経質になってもいる。

アキノ大統領の悲鳴

それはともかく、サラミを切り取るように勢力を外部に伸ばしてくるのだ、と表現したチェラニー氏は二〇一三年九月一日付のワシントン・タイムズ紙に「オバマ氏のアジアからの大移動」と題するコラムを書いた。インドの戦略家の目に映った米国の姿を「北京の過度の自己主張が強まるにつれて、米国の戦略的同盟国や友好国との領土の現状を中国が変更するところにまで迫ってきたにもかかわらず、オバマ政権はこの地域の領土問題で一方の味方をすることにますます気乗り薄になってきた。ワシントンの気力のないアジア政策は、大国中国による領土ならびに経済圏の強奪からいくつかのアジア諸国をいかに保護するかとのジレンマを深めるのに一役買ってきた」と描いた。痛烈なのはオバマ政権がいまなお唱えているピボット政策批判だ。

アジア諸国に対し、米国が中国の自己主張に断固反対するような期待感を抱かせながら、ピボットの軍事面を固く押さえ、経済面だけを強調し始めている。中国との領土紛争には中立の道を選ぶ政策を取るなどと近隣諸国に言っておきながら、その実アジア諸国との結び付き強化による経済的、戦略的恩恵を手にしようとしている——は核心を衝いているではないか。

彼は、具体例として、①尖閣の主権については一定の立場は取らないと言いながら、安保条約を適用するなどというのは二枚舌で、日本は安心するか、②ヒマラヤの国境で中国はインドを悩ませているが、現状を力で変更するのはいけない、と米国は北京に警告しようとしない、

③二〇〇六年以来オーストリアと同じくらい大きいアルナチャルプラデシュ州などアジアのいくつかの領土問題で米国は中立の立場を貫いている、④フィリピンのスカボロー礁の現状を中国は力で変更しようとしているのに対し、米国はフィリピン政府に自重と交渉を促すだけだ、⑤米国は領土問題に口出しすることを嫌っているが、たった一つ声を上げるのは南シナ海での「航行の自由」だけだ——を挙げている。

二〇一二年五月に国基研のメンバー六人がベトナムを訪問した。ベトナム政府首脳、ベトナム外交院、社会科学院中国研究所などと率直な意見交換をしたのだが、「中国を脅威」と見るかどうかとの核心的な質問には答えをはぐらかす傾向があった（「国基研だより」平成二十四年六月号）。中国と領土領海をめぐる鋭い対立を続けた国だけに、われわれは厳しい対中批判が出ると期待していたが、政府当局者は慎重だった。こちらを信用していないのであれば仕方がないが、地理的に中国の圧力を直接感じるところに位置する国の態度かもしれない。中国を極度に恐れているのだろう。日本、韓国、フィリピン、タイ、オーストラリアなど米国との安全保障上の条約を結んでいる国々とそうでないベトナムとの相違だと考えていい。

私は二〇一四年二月六日付のインターナショナル・ニューヨーク・タイムズ紙のトップ記事を読んで愕然とした。米比相互防衛条約を結んでいるフィリピンのアキノ大統領が、中国の脅威に直面して世界に助けを求めているのである。大統領は一時間半にわたるインタビューで、第二次大戦前にヒトラーがチェコスロバキアのズデーテンラントの割譲をミュンヘンで要求したときに英国のチェンバレン首相を先頭に当時の世界が宥和政策を取ってチェコに助けの手を伸ばさなかったことが悲劇だったと述べ、いまのフィリピンをチェコに擬《なぞら》えているのだ。一二年にスカボロ礁で中国軍とフィリピン軍は向かい合ったが、間に立ったオバマ政権が両国とも軍を引くようにと提案し、それに従ったフィリピンに対して居残った中国がここを実効支配してしまったというのである。

アキノ大統領のインタビュー記事に最も敏感な反応をしているのは、アジアにおいて米国と同盟関係を結び、中国の脅威に直面している国々であろう。「明日は我が身」などと心配する日本の新聞は希だ。一部新聞は靖国反対の企画記事作成に余念がない。ミュンヘンの教訓をたたき込まれているはずの欧米諸国、なかんずく米国はアキノ大統領の悲鳴をどう考えているのであろうか。

こうした情勢を気にしたのだろう。オバマ大統領は二〇一四年四月に日本、韓国、マレーシア、フィリピンの四カ国を訪れた。同盟関係、友好関係の確約、つまりアジアにピボット（軸足）を移したことを確約した。が、あとから述べるように、中国との間では「新型大国間関係」で、常に話し合いの場を確保している。

中国側から提案された「新型大国間関係」

中韓両国の新聞は、安倍首相の靖国参拝は二度と許さぬとばかり力んでいる。「靖国反対」

と叫ぶだけで、神道の何か、靖国神社とは何かを全く勉強しようとしない日本のメディアが騒然とし、外務省を中心に、その場をいかに収めるかの配慮が働き、日本全体が動揺することを知っているようだ。完全に外交カードを両国に握られてきた。安倍首相はそれを百も承知で靖国神社に参拝したのだ。

オバマ政権が二期目に入ってから著しくなってきたのは米外交の指導力低下である。オバマ大統領、バイデン副大統領、ケリー国務長官、ヘーゲル国防長官、ライス大統領補佐官（国家安全保障担当）の発言に頻繁に登場するのは「交渉」と「話し合い」で軍事的対立を惹起《じゃっき》しかねない、平らな言葉で表現すれば「相手を刺激する」ことを極度に恐れているように思われる。確かにクリントン国務長官は一〇年七月二十三日にハノイで開かれたARFで南シナ海の航行の自由、国際法の尊重は関係諸国とともに米国の国益にかかわる、と中国を批判した。しかし、ピボット政策はオーストラリアのダーウィンに米海兵隊基地を設けた程度で、中国との軍事的対立は避けたままの状態が続き、南シナ海の緊張感は一向に緩んでいない。ASEAN諸国、とくにカンボジアとラオスは腹の中で思っていることを公然と明らかにできない無言の制約を受けている。

中国の「危険な台頭」とオバマ政権の指導力に翳《かげ》りが生じつつあるいま、アジア全体に覆いかぶさるように羽を広げているのが、二〇一三年六月にカリフォルニア州で開かれた米中首脳会談で中国側から提案された「新型大国間関係」だ。両国が事前にある程度内容をすり合わせていることはドニロン補佐官が事前の打ち合わせに北京を訪れたことではっきりしている。習近平主席自らも首脳会談前に訪中したケリー国務長官に対し、「広い太平洋両岸には中米両大国を受け入れる十分な空間がある」と述べている。いわゆるピボットとかリバランシングというオバマ政権が投げた球に対して、「新型大国間関係」ではどうかと中国側が独自の構想を投げ返していたと考えられる。

これに明確なOKを与えたのはライス大統領補佐官だ。一三年十一月二十日、ジョージタウン大学で行った演説「アジアにおける米国の将来」に登場する文言である。同補佐官は米国がアジア・太平洋に対するリバランス政策を重視すると述べながら、中国とは、機能する(operationalize)する「新型大国間関係」を求めると明言したのだ。中国を相手にするのは、朝鮮半島の非核化、イランの核計画の平和的解決、アフガニスタンの安全、南スーダン内戦の終結、サハラ砂漠以南の最貧国の救済など全地球的協力を深めることができるからだ、と述べている。要するに国際政治上のプレーヤーとして新しい関係を構築しないと米国自体もやっていけないと語りかけているのである。

国際問題観測者がしばしば誤るのは、発生した事件の大きさを自分の国中心に判断することだ。私自身の反省を込めて言うのだが、一三年十一月に中国が防空識別圏を設定し、日本中が大騒ぎをした。バイデン副大統領が日本、中国、韓国を前々から訪れることになっていたので騒ぎの最中に東京に来た。日本側は北京入りする直前だというので副大統領に訴え、日本の不満を中国に伝えるのに利用した。同盟国だとの甘えもあっただろう。日本の喧騒に調子を合わせたが、副大統領は冷めていた。すでに触れたように防空識別圏の撤去は要求しなかった。理由はただ一つ、反対は表明するが、限度以上に相手を刺激しないためだ。北京で報道にあたった人たちは、東京と北京におけるバイデン発言の「落差」に気付いたに違いない。

米中間にはシェール・オイルの売り込みをはじめ多くの議題があった。防空識別圏は他の多くの議題の一つに過ぎなかった。バイデン氏は「新型大国間関係」を発展させる意向を改めて表明し、中国側は「米国とは対抗せず、衝突せず、相互に尊重する関係を推進し、地域と世界のために貢献していきたい」と応じたのである。ライス演説とバイデン氏の言動には寸分の違いもない。

「新型大国間関係」に関心を持つ向きは、民主党系リベラル、あるいはウィーク・ジャパン派に限定されるのか。そうではない。キッシンジャー元国務長官、ブレジンスキー元大統領補佐官らの大国間のバランスに関心を抱く戦略家、中国経済をことのほか重視するポールソン元財務長官らは、アジアあるいは世界の主要なプレーヤーは米中二大国だと「グレート2」(G2)を唱える。一党独裁の政治体制、民主主義国家ではあり得ない言論、集会、結社の不自由、少数民族の弾圧、所得の格差、党、政府に広がっている腐敗、環境の汚染などを内包した中国への警戒心は米国に存在するが、日本人が抱く恐れとは若干違う気がする。

米世論の「内向き」傾向

米国のシンクタンクであるアトランティック・カウンシル理事で、ジョージ・ブッシュ大統領の大統領補佐官（国家安全保障担当）を経験したことのあるスチーブン・J・ハドリー氏が一三年十月に「米中—新型大国間関係」と題して行ったスピーチの全文に目を通す機会があった。①はかばかしくいかない世界経済の回復、②さらに改革を必要とする世界的な金融制度の弱体化、③環境汚染、地球温暖化、極端な気候変動、④エネルギー、食糧、水資源の需要増大、⑤大量破壊兵器の拡散、⑥新型米中関係完成のために取るべき措置——などを解決するには中国との新しい関係をつくり上げなければならない、と大国間協調の当たり前の主張をしている。が、気になるところもある。

第一点は、中国側の誤解を何とか解きたいとの強い意思だ。いまの米中間には、①植民地への野望は存在しない、②両国には十九世紀的、二十世紀的拡張論はない、③現在の大国（米国）は台頭する大国（中国）を排除したり、孤立させるつもりはない、④にもかかわらず中国には孤立化させられているのではないかと疑う向きは多いが、事実を見ればそのような結論にはならない、⑤一九八一年の米中貿易額は五十億ドルだったが、二〇一二年には五千三百六十億ドル急増にした、⑥米国は中国が主要な国際機構に参加するのを支持してきた、⑦最近の米大統領は例外なく公然と、強い、繁栄する、成功する中国を歓迎してきた、⑧

米国が中国を本当に包囲し、孤立化させ、打倒しようと考えているなら、右のような行動は取らないだろう――というハドリー演説は何を意味するか。日本やフィリピンなどのアジアにおける同盟国はどう解釈したらいいのだろうか。

第二点は、その同盟諸国に対して中国がどのような脅威を与えているかについて、ハドリー氏はまさに通り一遍の理解しかしていない。「中国に近隣する国々の一部は、力をつけた中国が自らの意思を押しつけると心配しているが、これは正当だ。中国は近隣諸国と米国に対して、論争や対立なしに、平和的な国際環境をつくり出そうとしているが、さらに努力できるはずだ」と述べている。東シナ海、南シナ海、インド洋の同盟国や友好国がどれほど深刻な立場に置かれているかは念頭にないらしい。

第三点は、オバマ大統領が繰り返し公言しているように、「米国は世界の警察官にならない」との気持が米国民に浸透しているとの表明だ。「確かに米国民はグローバル・リーダーシップの重荷に若干疲れてきており、引き続き負担すべきかどうか疑問視し始めた」というくだりは米世論の「内向き」傾向を物語っている。

中国の言う「核心的利益」

靖国参拝に「失望」したとの声明の背景を長々と説明してきた。ウィーク・ジャパン派の存在、オバマ政権の性格、世論の動向、財政収支悪化がもたらしている軍事費へのシワ寄せなどの要素がからみ、米指導力の低下を生んでいる。国力の衰退ではないが、小規模あるいは中規模の孤立主義傾向はすでに始まっているのかもしれない。米中間に事実上始まっている「新型大国間関係」は「G2」でいこうと合意なのか、あるいは「協商関係」なのか。

二〇一四年七月九、十日の両日、米中両国は毎年定例の戦略・経済対話なる大会議を北京で行った。ここでは「新型大国間関係」で双方の意見が一致せずに物別れに終わったが、当然だろう。中国は米国に対して、中国の「核心的利益」の相互尊重を求めた。中国の言う「核心的利益」の中には台湾、チベット、ウイグル、南シナ海が入っており、中国外務省の低いレベルのスポークスマンが尖閣諸島と口を滑らせたこともある。

米国が中国の言い分を認めたら、日米同盟に矛盾をきたす。米国としては中国の「核心的利益」を認めたらどうなるか、はよく理解しているはずだ。しかし、ここで考えておかなければならないのは、米国が中国との間では「新型大国間関係」の大枠での関係を維持しつつ、同盟国、友好国との間では関係強化を約すという二路線方式を持っているという事実であろう。日本が米中間に埋没しないためには、立ち位置を明確にしなければならない。その意味で安倍首相の靖国神社参拝は大きな発信となり続けよう。

■米中関係の理解なくして日本の「独立自存」はない

元時事通信外信部長
冨山 泰

■とみやま やすし

昭和二十五（一九五〇）年、神奈川県生まれ。一橋大学法学部卒。時事通信社でワシントン特派員、バンコク特派員、ワシントン支局長、外信部長、ロンドン支局長、解説委員を歴任。同社を早期退職し、国家基本問題研究所事務局次長。現在は同研究所評議員兼企画委員。著書に『カンボジア戦記』『謝罪無用!』、訳書に『大使モンデールの肖像』『中国が戦争を始める』『北朝鮮最期の日』など。

腰が定まらぬ米国の対中政策

バラク・オバマ米政権の対中政策は振幅が大きい。米中両国で国際社会を主導する協調路線を採用したかと思えば、国際的なルールを無視する中国の行動に業を煮やし、警戒姿勢に転ずる。政権一期目がそのパターンだったし、二期目も同じパターンを繰り返しているように見える。中国が大国として台頭し、既存の国際秩序への挑戦者としての立場を鮮明にしつつあるのに、オバマ政権の対応は場当たり的で、明確な対中戦略を打ち出すことができない。

もともとオバマ政権はジョージ・W・ブッシュ前政権のイラク戦争を批判して登場したので、海外への軍事介入に極めて消極的である。加えて米国世論は国際問題への関心を減らし、内向き志向を強めている。そうでなくとも米国は国防費削減により、世界の安全保障問題で積極的役割を果たしにくくなっている。そんな中で、米中関係はどこへ向かうのか。もし、第二次世界大戦後の国際秩序形成の中心となってきた米国が、新興大国の中国との衝突を恐れるあまり宥和的姿勢に転ずるなら、日本の国益は明らかに損なわれる。

近い将来、米中両国の狭間に日本が埋没しないようにするためには、明治維新で近代化して以来の歴史的目標である独立国としての自存自衛を取り戻すことが何よりも必要である。その意味で、産経新聞が二〇一三年四月に発表した「国民の憲法」要綱で国家目標を「独立自存の道義国家」とうたったことに敬意を表する。

オバマ政権の対中政策は、ニクソン大統領の訪中以来四十年余りの米国の対中関与政策の延長線上にあるので、オバマ政権の政策を理解するには、米国の歴代政権の政策を振り返らねばならない。

冷戦後も関与政策を維持

リチャード・ニクソン大統領（一九六九〜七四年）が七一年七月十五日に中国訪問を電撃的に発表し、それまでの封じ込め政策を転換して以来、米国の対中政策は基本的に関与政策だった（※1）。冷戦期、対中関与政策の一貫した狙いは、米国と世界中で覇を競った主敵のソ連を牽制するために「敵の敵」である中国を利用することにあった。いわゆる「チャイナ・カード」である。ジェラルド・フォード政権（七四〜七七年）を経て、ジミー・カーター政権（七七〜八一年）で米中国交は正常化され、次のロナルド・レーガン政権（八一〜八九年）に至るまで、おおむね順調に米中関係の緊密化が進んだ。この間、米国は中国西部にソ連のミサイル実験監視施設を造って中国と情報を共有し、米国製兵器の対中輸出を許可し、アフガニスタンでソ連の占領軍に抵抗するイスラム武装勢力を中国と協力して支援するなど、中国を対ソ戦略上の有用な駒として利用した。

ところが、八九年に米国の対中政策を根本から揺さぶる大事件が相次いで発生する。一つは六月に中国が民主化運動を武力鎮圧した天安門事件である。ジョージ・H・W・ブッシュ（初代）政権（八九～九三年）は制裁措置を直ちに発動する一方で、特使を北京に派遣し、ソ連に対抗する中国とのパートナー関係を維持しようと試みた。そんな努力を無にした出来事が、同年半ば以降の欧州情勢の激変である。東欧の社会主義体制が相次いで倒れ、冷戦の終焉が決定的になった。九一年十二月にはソ連が解体し、米国にとってソ連に対抗するカードとしての中国の利用価値は失われたのである。

米国は冷戦後の対中関係を再定義する必要に迫られた。それを引き受けたのはジョージ・H・W・ブッシュ政権のジェームズ・ベーカー国務長官である。同長官が米外交誌フォーリン・アフェアーズ九一年冬季号に書いた論文は、ソ連消滅後も、中国とのさまざまな問題の解決のため関与政策が必要だとの視点を打ち出した画期的な一文だ（※2）。

関与政策で解決すべき問題としてベーカー氏は、①人権の擁護と自由の促進、②中国経済の規制緩和、通商面での透明性の向上、外国の知的財産権の保護、市場開放、囚人労働による製品の輸出、③ミサイルと核の拡散の懸念、湾岸危機での協力、地域紛争の解決―を掲げた。要するに、中国に人権状況を改善させ、経済や国際安全保障の分野で中国に問題ある行動を取らせず、地域紛争で中国の協力を取り付けるために、米国は関与政策を冷戦後も維持する必要があるという考えであり、この意味付けは以降の米政権による対中関与政策の基礎になった。

米国の歴代大統領は、前任者の対中政策を宥和的と批判して政権に就きながら、在任中に前任者とそれほど違わない対中協調路線に落ち着くことが多い。ビル・クリントン大統領

（一九九三〜二〇〇一年）もその例で、ジョージ・H・W・ブッシュ政権による対中制裁のなし崩し的緩和や人権問題での譲歩を批判して就任したが、政権発足から一年余りで中国に対する貿易面での最恵国待遇更新を人権問題と切り離す決定を下した。中国の急激な経済成長で、中国との貿易・投資の拡大を望む声が米産業界に強まったためと、北朝鮮の核開発をめぐって開戦の寸前までいく第一次核危機が起き、北朝鮮に影響力を持つ中国の協力を必要としたためである。

「責任大国」への誘導を模索

クリントン政権下で、米中関係を軍事的に緊張させる事件が起きた。九六年三月の台湾海峡危機である。台湾の総統選挙で独立派と目された李登輝氏の当選を妨害するため、中国が台湾沖にミサイルを発射したのに対し、米国は空母二隻を台湾近海に派遣して中国を牽制した。クリントン大統領は米中首脳間の意思疎通の不十分さが危機を招いたとの反省から、天安門事件で中断していた首脳の相互訪問を再開することに舵を切った。九七年十月の江沢民中国国家主席の訪米で、米中は「建設的な戦略的パートナーシップ」の構築を目指すことで合意した。九八年六月にはクリントン大統領が日本を素通りして中国を九日間も訪問し、あからさまな中国重視の姿勢に日本をがくぜんとさせた。

ジョージ・W・ブッシュ（二代目）政権（二〇〇一〜〇九年）の対中政策も、前政権の批判からスタートした。なかでもコンドリーザ・ライス大統領補佐官（国家安全保障担当）は政権発足前、中国はクリントン政権が呼ぶような「戦略的パートナー」ではなく「戦略的競争相手」であると論じ、中国への警戒心をあらわにしていた(※3)。しかし、〇一年九月十一日の国際テロ組織アルカイダによる米同時テロで全てが変わった。中国は国内で拘束したウイグル独立派の「イスラム・テロリスト」から得られたアルカイダに関する秘密情報を米国に提供するなど、対テロ戦争で米国の重要なパートナーとなった。

〇二年十月には、核開発を凍結したはずの北朝鮮がウラン濃縮をひそかに行っていた証拠を米国が北朝鮮に突き付け、北朝鮮の核危機が再燃した。ジョージ・W・ブッシュ政権は北朝鮮の核問題に関する六カ国協議（日本、米国、中国、ロシア、韓国、北朝鮮で構成）の議長国・中国に北朝鮮への影響力行使を期待し、これも米中接近を促した。この間にも米中間の貿易と投資は拡大し続け、経済面での相互依存は強まった。米国にとって対中関係の安定は不可欠になっていったのである。

そんな中で、中国に対して国際社会の「責任あるステークホルダー（利害関係者）」になるよう促す演説が〇五年九月にロバート・ゼーリック国務副長官によって行われた。米国はニクソン大統領の訪中で中国を国際社会に招き入れたが、今や中国に対して、受動的に国際社会の一員になるだけでなく、能動的に国際社会のルールを維持・強化する大国としての責任を負うべきだと呼び掛けたのである。中国が責任ある大国になるよう誘導する考え方はクリントン政権時代にもあったが、それを一歩進めて「ステークホルダー」をキーワードに中国に能動的な役割を求めることを前面に押し出したのがこの演説である(※4)。

演説の背景には、中国が経済大国、軍事大国の道を着々と歩んでいることがあった。特に中国が九六年の台湾海峡危機で米国に屈した屈辱をばねに軍近代化に突き進んだことは、米国の警戒心を招いた。米国防総省は冷戦時代の年次報告書『ソ連の軍事力』に倣って〇二年から『中国の軍事力』を毎年発行するようになり、中国の軍備増強の実態把握と分析に力を注いだ。〇六年二月に国防総省が発表した『四年ごとの国防計画見直し』(QDR)は、テロとの戦いや大量破壊兵器(WMD)の拡散とともに中国の軍近代化を二一世紀に米国が直面する安全保障上の代表的な挑戦と位置付けた。

〇六年から〇八年にかけてホワイトハウスや国防総省が発表した安全保障関係の文書には、中国との将来の軍事的対立に備え「ヘッジ」(保険をかけて危険を分散する、という意味)する必要が繰り返し論じられた(※5)。ジョージ・W・ブッシュ政権の時代に、「ヘッジング」は「エンゲージメント」(関与)と並んで、米国の対中政策の「車の両輪」となった。

中国の「核心的利益」と米国の「国益」

米国は冷戦後の国際秩序の中で、中国が大国として責任ある行動を取るよう誘導することに関与政策の意義を見いだしてきたが、その延長線上にバラク・オバマ政権(〇九年〜)の対中政策がある。オバマ政権は当初、ジョージ・W・ブッシュ政権の米中協調路線を踏襲した。オバマ大統領は、米国と中国が外交・安全保障問題や経済問題を閣僚級で討議する米中戦略・経済対話をスタートさせ、〇九年七月の第一回会合（ワシントン）の開幕あいさつで、「米中関係は二一世紀を形成するものであり、世界のどの二国間関係と比べても重要だ」と述べ、米中関係の重要性を強調した（※6）。このころ、米国内ではフレッド・バーグステン国際経済研究所長や、カーター政権の大統領補佐官（国家安全保障担当）だったズビグニュー・ブレジンスキー氏らが、米中は協力して国際社会を主導すべきだとする「G2」論を唱え、日本が米中の狭間に埋没してしまう危険がにわかに現実味を帯びたのだった（※7）。

ところが、政権発足から一年もたたないうちに風向きががらりと変わった。米中関係は坂を転げ落ちるように冷却化したのである。原因は、経済力と軍事力を身に付けた中国が、責任ある大国らしからぬ非妥協的かつ攻撃的な言動をむき出しにし始めたことだった。

最初は〇九年十二月のコペンハーゲンでの第十五回国連気候変動枠組み条約締約国会議（COP15）で、温室効果ガスの排出削減の検証をめぐり米中は厳しく対立した。一〇年三月には、韓国海軍哨戒艦「天安」が黄海で沈没する事件が起き、北朝鮮の魚雷攻撃によるとの結論を国際調査団が下したにもかかわらず、北朝鮮をかばう中国の反対で国連安保理は非難決議を出せなかった。米韓両国は北朝鮮を牽制するため黄海で海軍合同演習を計画したが、中国の横やりで場所を日本海に変更せざるを得なかった。

南シナ海における中国とフィリピン、ベトナムなどとの領有権争いでは、中国が一方的な主張をエスカレートさせて、この問題を絶対に譲れない「核心的利益」であると米国に通告した。これを認めないヒラリー・クリントン米国務長官は、同年七月にハノイで開かれた東南アジア諸国連合（ＡＳＥＡＮ）地域フォーラム（ＡＲＦ）で、南シナ海の航行の自由は米国の「国益」と言い切り、楊潔篪中国外相と激しい応酬になった。中国の「コア・インタレスト」（核心的利益）と米国の「ナショナル・インタレスト」（国益）が正面からぶつかったのである。

同年九月には東シナ海の尖閣諸島沖で中国漁船が日本の海上保安庁巡視船に体当たりする事件が発生し、日本側が漁船船長を拘束すると、中国はレアアース（希土類＝ハイテク製品に使われる鉱物資源）の対日輸出を制限するなど威圧的な行動に出た。米国は尖閣諸島の帰属に関し中立を保ったものの、クリントン長官は「尖閣諸島は日米安保条約の適用対象」と明言し、中国が軍事力で尖閣諸島を奪取しないよう牽制した（クリントン長官は退任直前の一三年一月十八日、訪米した岸田文雄外相との会談で、「（尖閣諸島に対する）日本の施政を揺るがそうとするいかなる一方的行動にも反対する」と述べ、従来に比べて踏み込んだ表現で中国に自制を求めた）。

米中関係の冷却化が進むのと並行して、米国防総省が一〇年二月に発表したＱＤＲは、西太平洋での有事の際に米軍の作戦の妨害をもくろむ中国の「接近阻止・地域拒否」（Ａ２／Ａ

D）戦略に対抗し、米国が空軍と海軍を一体的に運用する「エア・シー・バトル」（空と海の統合戦闘作戦）の概念を初めて公表した。同年八月に出されたオバマ政権下で二回目の中国軍事力に関する報告書（従来の『中国の軍事力』から『中国の軍事・安全保障動向』へ改題）は、中国が「事実上の封じ込め」と反発する「ヘッジ」という用語の使用を前年版に続いて避けながらも、「国防総省は米軍の配置、プレゼンス、能力開発、同盟・パートナー関係の強化を通じて、アジア太平洋地域の平和と安定を維持する米国の意思と能力を示す」と表明し、ジョージ・W・ブッシュ政権以来の中国へのヘッジングを実質的に継続することを鮮明にした。

クリントン長官は一一年一月、ワシントンでの演説で、オバマ大統領の第一回米中戦略・経済対話での言い方をそのまま使って「（米中関係は）世界のどの二国間関係と比べても重要」と述べながらも、すぐに続けて「だが、G2のようなものは存在しない。（米中）両国ともそのような考えを拒否している。地域問題や地球規模の問題の形成でわれわれと協力する他の主要な主体、同盟国、機関、新興国は存在する」と語った（※8）。地域問題や地球規模の問題の解決で中国の協力を期待した従来の路線と様変わりである。

アジア回帰に踏み切ったオバマ政権

南西アジアや中東に目を向けると、オバマ政権が前政権から引き継いだテロとの戦いは、同年五月に米同時テロの首謀者ウサマ・ビンラディンが潜伏先のパキスタンで米特殊部隊に殺害されて、大きなヤマを越えたように見えた。オバマ大統領はイラクから同年末に米軍を完全撤収させることを確定し、アフガニスタンでも二〇一四年末のアフガン側への治安権限完全移譲へ向けて、米軍の撤退が始まった。

これにより、オバマ政権がアジア太平洋地域に政策の重点を移すことを発表する国際環境が整ったと思われた。政策変更の決意を世界へ最初に発信したのはクリントン長官だった。一一年十月、米外交誌フォーリン・ポリシーに論文を寄せ、「米国は転換点（pivot point）に立っている。過去十年間は（イラクとアフガニスタンの）二つの戦争に膨大な資源を割り当てたが、……次の十年間に最も重要な仕事の一つはアジア太平洋地域へ外交、経済、戦略面の投資を大幅に増やすことである」と宣言した(※9)。

バスケットボールでボールを持つ選手が軸足を中心に回転することを意味する「ピボット」はこの論文で方向転換の意味で三回使われ、間もなくオバマ大統領が正式発表したアジア回帰政策は「ピボット政策」の別名で呼ばれた。ただ、この言葉は欧州や中東など他の地域に背を向けると受け取られかねないとの理由で、クリントン長官の退任後は、アジアに政策のバランスを再び移す「リバランス政策」という言い方が主に使われるようになった。

アジア回帰政策がオバマ大統領によって正式に発表されたのは、一一年十一月十七日のオーストラリア議会での演説だった(※10)。オバマ大統領は「私は熟慮の上で戦略的な決定を下した。太平洋国家としての米国は、核心的原則を守り同盟・友好諸国と緊密に連携して、この地域とその将来の形成に、より大きな長期的役割を果たす」と宣言した。オバマ大統領は「われわれが支持する国際秩序は、全ての国家と国民の権利と責任が守られ、国際法と国際規則が施行され、通商と航行の自由が妨害されず、新興国が地域の安全に貢献し、意見の相違が平和的に解決されるものである」と述べた。

これは、中国が新興大国として果たすべき責任を果たさず、国際法の根拠のないまま南シナ海の大半の領有を主張してこの海域の航行の自由を脅かし、尖閣諸島周辺で日本に挑発的行動を取って地域の平和と安定を損ねていることに対して、直接の名指しを避けながら不満を表明したものだ。演説の中でオバマ大統領は「アジア太平洋での米国のプレゼンスと任務を最優先にするよう国家安全保障チームに命じた」ことを明らかにした。

アジア回帰の方針に基づき米国の軍事面での具体的行動が相次いで発表された。第一は豪州北部ダーウィンへの米海兵隊配備（当初二百～二百五十人、将来は二千五百人）、第二はインドネシアへの新型戦闘機Ｆ16Ｃ／Ｄ24機の売却、第三はシンガポールへの米沿岸戦闘艦の最大四隻配備で、いずれも中国を牽制する意味があるのは明白だった。

一二年六月のシャングリラ会議（シンガポールでのアジア太平洋安全保障会議）では、レオン・パネッタ国防長官が米海軍の太平洋・大西洋配備比率を二〇年までに六〇対四〇にすると発表した。一三年六月のシャングリラ会議ではチャック・ヘーゲル国防長官が、米空軍は既に海外戦力の六〇％をアジア太平洋に展開していると演説した。一四年五月の同会議では、①一五年に米海軍の統合高速輸送船を太平洋に配備し、潜水艦をグアムに追加配備する、②一八年までに新型のズムワルト級駆逐艦の太平洋での展開を開始する、③二〇年までに早期警戒機ホークアイと無人偵察機を域内に飛行させる―との計画がヘーゲル長官から発表された。

オバマ政権のアジア回帰は軍事面が注目されがちだが、実は経済、外交の分野にもわたる政策である。経済分野の柱は、日本も参加を決めた環太平洋戦略的経済連携協定（ＴＰＰ）交渉の推進だ。ＴＰＰは中国を含むアジア太平洋自由貿易圏（ＦＴＡＡＰ）への発展を視野に入れ、その過程で知財権侵害など国際経済ルールに反する中国の行動を是正させようとする戦略的な構想である。外交分野でのアジア回帰は、オバマ大統領が一一年十一月の豪州訪問後にインドネシアのバリ島での東アジア首脳会議（ＥＡＳ）に初参加したことで体現された。

オバマ政権の方向転換を受け、国防総省が一二年一月に発表した向こう十年間の新しい国防戦略指針は「今日の戦争に力点を置くことから将来の挑戦に備えることに国防事業を移行する」とうたった（※11）。「将来の挑戦」の最上位の一つに中国からの挑戦を据えていることは、「長期的にみれば、中国の地域大国としての出現は米国の経済と安全保障にいろいろな形で影響する可能性がある」との記述からも明らかだ。

同指針は、米軍の主要任務の一つに「Ａ２／ＡＤの挑戦に屈しない戦力投射」を掲げた。この中で、米軍の紛争地域への接近と軍事作戦を妨害するＡ２／ＡＤ能力を獲得しようとしている国として中国とイランを名指しし、中国への警戒心をむき出しにした。その警戒心は、中国が「空母キラー」と呼ばれる対艦弾道ミサイル「東風21D」の配備を一〇年に開始したことで、ますます高まったはずである。東風21Dの配備開始は、一三年五月に発表された米国防総省の報告書『中国の軍事・安全保障動向』で確認された。一四年六月の同報告書には、中国の核抑止力を飛躍的に高める潜水艦発射弾道ミサイル（SLBM）「巨浪2」が年内に晋級原子力潜水艦に配備されそうだとの記述が盛り込まれた。

挫折した米国のステークホルダー路線

オバマ政権のアジア回帰は、日本を抜いて世界第二の経済大国となり、西太平洋で米国の軍事的優位を脅かしかねない軍事大国に成長した中国への警戒心を色濃く反映したものだ。この政策転換は、中国が大国として責任ある立場を自覚し、国際社会のルールを維持・強化する側に立ってほしいという「責任あるステークホルダー」路線が中国の尊大な言動によって挫折したことを意味する。ヒラリー・クリントン氏は一四年に出した国務長官時代の回顧録で、中国を「選別的なステークホルダー」と呼び、中国は責任大国らしくふるまう時と、近隣の中小国にゴリ押しをする時を選んでいる、と皮肉った(※12)。

もともと米国の対中関与政策には、三つの思い込みがあった。

一つは、関与政策を続けて中国の経済発展を助ければ、中産階級が育って発言力を増し、政治的民主化につながるのではないかという期待である。この期待は外れたと決めてかかるわけにいかないが、民主化への目に見える進展は今のところない。

第二に、中国が経済的、軍事的に強大化する危険よりも、国内問題の解決に失敗して弱体化し、アジアの安定を損ねる懸念の方が大きいという議論が、強大化する前にワシントンに存在した。そのため、米国は中国との関与を通じて強力で繁栄した開放社会の発展を助け、国内混乱の芽を摘むのがよい、というのであった。しかし、中国が現実に大国になって地域の安定を損ねるようになると、強大化の危険の大きさは無視できないものとなった。

第三の思い込みは、中国と関与を続けることによって、中国が台頭しても国際社会のルールを守るよう誘導できると考えたことであった。その集大成が「責任あるステークホルダー」路線だったと言えるが、生みの親のゼーリック氏本人が一一年に中国を「気乗りしないステークホルダー」と呼び(※13)、この路線がうまくいかなかったことを事実上認めた。

しかし、だからといって米国は対中関与政策をやめるわけにはいかない。米国が冷戦時代にソ連に対して採用したような、封じ込め政策に転ずることは不可能である。グローバリゼーションが進み経済の相互依存が強まった今日の国際システムは、世界が政治、経済などあらゆる面で二つのブロックに分かれていた冷戦時代と根本的に異なるからだ。

また、米国が中国を封じ込めないにしても、中国との対決姿勢をはっきり打ち出すなら、「新たな大国が国際社会に登場する時、既存の大国との戦争は不可避」という、しばしば引用される古代ギリシャの歴史家トゥキディデスの〝予言〟が重くのしかかってくる(※14)。イラクからの米軍撤退が一一年末に完了し、アフガニスタンからも米軍撤退が始まって、十年間余りの戦争の幕を閉じようとしている今、オバマ政権は中国との新たな軍事的緊張を抱え込みたくない。

米国が中国を敵視すれば、中国も米国を敵視して、軍事的緊張が高まる。一一年春までオバマ政権の国家安全保障会議の上級アジア部長を務めたジェフリー・ベーダー氏は回顧録(※15)で、オバマ大統領は対中政策において、米国の力を維持し、警戒を怠らない一方で、「安全保障のジレンマ」に陥らないようバランスを取ってきたと誇っている。

安全保障のジレンマとは、二つの国家が互いに相手の軍事力強化を敵意の表れと解釈して自らも軍事力を強化し、結局は敵対関係を現実のものにしてしまうことだ。オバマ政権二期目の対中外交は、中国の独善的な行動に警戒の目を向けながらも、安全保障のジレンマに陥らないようにするため、中国を敵視しているのではないことをことさらに強調してきたように見える。民主党リベラル派の典型的な対応と言ってよい。

「ピボット」という単語を広めたクリントン長官が一期目限りでオバマ政権からいなくなると、アジア回帰政策が継続されるのか怪しくなってきた。後任のジョン・ケリー国務長官は、ピボット改めリバランス政策は欧州や中東などアジア以外の地域に背を向けるものではないと強調した。その言葉を実行に移すかのように、国務省の公式サイトによれば、ケリー長官は一四年七月末までの一年半の間に、イスラエルのテルアビブを十一回、ヨルダンのアンマンを十回訪れ、緊急性がそれほど高いとも思えない中東和平交渉の前進に精力を注いだ。欧州にも頻繁に足を運び、ロンドン訪問は十回、パリ訪問は十二回を数えた。これに引き換え、北京へは三回、東京へは一三年四月と十月の二回だけで、アジア外交に対する熱意の乏しさは覆い隠せない。

中国に対してケリー長官は協調的な発言が目立った。一三年四月十三日の北京での記者会見で「米国は、安定し繁栄した中国、既に大国となり、国際問題で大きな役割を演ずる能力を持つ中国を歓迎する。……相互利益に基づく（米中の）建設的パートナーシップは、世界全ての利益となる」と述べたのが典型だ。もっとも、二日後の東京工業大学での講演では「安定し繁栄した中国が、大国の責任を引き受け、民意を尊重し、国際問題で重要な役割を果たし、しかもルールに従って行動することは、米国にも世界にも利益となる」と、中国にクギを刺すことも忘れなかった。「大国の責任」「民意の尊重」「国際ルールの順守」はいずれも、米国が関与政策を通じて中国に受け入れさせようとして、果たせなかった課題である。

オバマ政権二期目のヘーゲル国防長官の発言にも、中国を敵として扱わない配慮がうかがえた。一三年六月一日のシャングリラ会議（シンガポール）での演説で、ヘーゲル長官は「リバランスは主として外交、経済、文化の戦略だ」と述べ、軍事的側面をことさらに小さく見せた。中国については「前向きかつ建設的関係を築くことはリバランスの不可欠の一部」であると述べ、リバランス政策が中国を敵視するものでないことを強調した。演説で中国を名指しして懸念を表明したのは「(サイバー攻撃の)一部は中国の政府や軍とつながりがあるようだ」と述べた部分だけだった。

もっともヘーゲル長官は、中国のA2／AD能力への警戒心をあらわにした一二年一月の国防戦略指針を履行することをこの演説で明確にした。また、一三年四月二十九日の小野寺五典防衛相との会談では、①尖閣諸島は日本の施政下にあり、日米安保条約の(共同防衛)義務の下にある、②日本の施政管理を揺るがそうとするいかなる一方的ないし強制的な行動にも反対する──と述べ、尖閣諸島問題で一期目のクリントン国務長官の姿勢を踏襲した。最低限押さえるべきところは押さえているようだった。

「米中摩擦」三つの原因

二期目に入ったオバマ政権と、新たに発足した中国の習近平(国家主席)政権の関係を占うものとして注目された米カリフォルニア州での米中首脳会談(一三年六月七〜八日)では、習主席が持論の「新型大国関係」の構築を繰り返し唱えたのに対し、オバマ大統領は中国側の表現をそのまま使うことを避け、「新型の米中関係」を発展させることは可能などと発言したにとどまった。中国が唱える新型大国関係の中身に米国は同意しなかったことが、その後明らかになる。これについては、改めて触れる。

首脳会談で具体的な懸案事項をめぐり進展があったのは、気候変動の問題ぐらいだった。温室効果が極めて高い代替フロンの一種で、エアコンや冷蔵庫に使われるハイドロフルオロカーボン（ＨＦＣ）の排出削減で協力することに両首脳は合意した。それ以外の問題、とりわけ中国から米国の企業秘密や軍事機密を狙うサイバー攻撃の問題では、オバマ大統領が具体例を挙げて是正を求めたのに対し、習主席は中国当局の関与を認めず、中国もサイバー攻撃の犠牲者だと言い張って、歩み寄りはなかった。サイバー攻撃を通じた知的財産など企業秘密の窃取は、中国が公正な国際競争ルールを守らない国であることの表れであり、価値観の違う米中両国の協調に限界があることを浮き彫りにした。米紙報道によると、オバマ大統領と習主席は、米国の台湾に対する武器売却、南シナ海の領有権争いや日中間の尖閣諸島問題、中国による通貨人民元の為替操作といった諸懸案でも意見の不一致を露呈した。

ところで、オバマ大統領と習主席による初の首脳会談から一年余りの間に、米中関係は協調を深めるどころか、摩擦が目立つようになった。

原因の第一は、中国が新型大国関係に「核心的利益」（国家主権、安全保障、領土保全、国家統一、政治体制の維持、社会の安定、経済・社会の持続的発展）の尊重を含めていることだ。つまり、尖閣諸島や南シナ海の領有権争い、台湾、チベット、ウイグル、民主化、人権などの重要問題で、中国の行動に一切口を差し挟むなということである。これは、米国にはとてものめない要求であろう（※16）。

これに関してダニエル・ラッセル米国務次官補（東アジア・太平洋担当）は一四年六月二十五日、上院外交委員会での証言で、「アジア太平洋地域における中国の勢力圏の設定や、核心的利益の尊重が新型大国関係であるかのように定義しようとする人が中国にいる」と指摘した上で、「米国の見方は大いに異なる」と強調し、米国が目指す新型の関係は、重要問題で実務的な協力をし、深刻な意見の相違にうまく対処することだと語った。つまり米国は、既存の大国と新興大国の衝突は不可避という国際社会の歴史を繰り返すことなく、中国との競争や立場の相違を制御し、地球温暖化など世界規模の問題や、北朝鮮、イランの核開発など地域問題で米中が協力する新しい大国同士の関係を目指しているというのだ。

ケリー国務長官も一四年八月十三日のホノルルでの演説で、「新型」の大国関係はそれを口にすることや勢力圏を追い求めることによっては実現されず、共通の課題で一層協力し、国際的なルールや行動基準を守ることによって定義される、と論じた（※17）。要するに、米中両国は新型大国関係または類似の表現を使っても、腹の中では全く違うことを考えているのである。

オバマ政権では、スーザン・ライス大統領補佐官（国家安全保障担当）が一三年十一月の講演で中国と同じ表現で「新型大国関係」に言及したのをほぼ唯一の例外として、政府要人はこの表現をそのまま使用することを慎重に避けてきた。中国の定義する新型大国関係を受け入れないという意思表示と解釈できそうだ。

米中摩擦が目立つようになってきた原因の第二は、中国が日本から尖閣諸島を奪おうとしている東シナ海や、フィリピン、ベトナムなどと領有権を争う南シナ海で、軍事力を背景に威圧的な行動を続けていることだ。東シナ海では一三年十一月に尖閣諸島を含む形で「防空識別圏」を設定し、圏内を飛行する外国航空機に事前通告を求めるとともに、これに従わなければ中国軍が「防御的な緊急措置」を講ずると威嚇した。南シナ海では、一二年にフィリピンから奪ったスカボロー礁の実効支配を固めつつあるほか、ベトナムと争うパラセル諸島近くの海域へ一四年五月に石油掘削装置（リグ）を持ち込み、中越の公船同士の衝突を招いた。

オバマ政権は、ヘーゲル国防長官が出席した一四年五～六月のシャングリラ会議や、ケリー国務長官が政府代表を務めた同年七月の第六回米中戦略・経済対話など、あらゆる機会を通じて「安定を損ねる（中国の）一方的な行動」（ヘーゲル長官）を批判した。

第三はサイバー攻撃の問題である。米司法省は一四年五月、中国軍将校五人が産業スパイなどの罪で連邦大陪審によって起訴されたと発表した。五人は、サイバー作戦を担当する人民解放軍（PLA）61398部隊の所属で、司法省によると、ウェスティングハウス・エレクトリックやUSスティールなど米国の有名企業や団体のコンピューターシステムに侵入し、企業秘密や企業内通信など中国の競合社に役立つ機密情報を盗んだとされる。中国は事実の「ねつ造」だとして、サイバーセキュリティーに関する米中両政府間の作業部会を中断。同年七月の米中戦略・経済対話でも、作業部会の再開に応じなかった。

日本よ、「独立自存」の決意を示せ

オバマ大統領は一四年四月に日本、韓国、マレーシア、フィリピンのアジア四カ国を歴訪した。日本では、尖閣諸島が日米安保条約の適用対象に含まれることや、日本の施政を一方的に変えようとする行動に反対することを米国の大統領として初めて明言した。フィリピンでは、米軍のフィリピン軍基地使用を拡大する協定に調印し、九一年の在比米軍基地閉鎖後初めて事実上の米軍駐留が復活することになった。

米国は領土の帰属をめぐって日本やフィリピンの肩を持つことはしないものの、日比両国の同盟国として、中国の一方的な現状変更を許さないとの強い意思を示し、両国を安心させようとしたものである。しかし、オバマ大統領はこの歴訪が中国に敵対的と受け取られないように細心の注意を払い、訪問の先々で、米国の政策が中国に対抗したり、中国を封じ込めたりするものではないことを強調した

振幅の大きいオバマ政権の対中政策が今後どうなるか予想し難いが、日本から見て心配な点が二つある。一つは米国の「内向き」傾向だ。大手世論調査会社ピュー・リサーチセンターによると、「米国は国際的に余計な口出しをせず、他国ができる限り自力でやっていくようにさせるべきだ」との意見に「同意する」との回答が二〇一三年の調査で五二％に達した。一九六四年の調査開始以降、「同意する」が増えた時期はベトナム戦争後（七六年に四三％）

と冷戦後（九五年に四一％）にもあったが、過半数となったのは初めてだ。一三年～一四年の内向きムードは七〇年代をしのぐと言えるかもしれない。

一四年八月～九月、イラク北西部からシリア北東部にまたがる地域を支配する超過激なイスラム主義組織「イスラム国」が米人人質を相次いで殺害したことで、オバマ政権のイスラム国空爆を支持する米国民が増加し、米国の内向きムードに変化の兆しが見られた。しかし、世論の差し当たっての支持は空爆までで、イラク戦争のような地上軍戦闘部隊の派遣ではなかった。オバマ大統領も地上軍投入を否定した。このため、再び米国が外向きに転換したと言い切れるものではなかった。

もう一つの心配は、〇九年度から四年連続で史上初めて一兆ドルを超えた米国の巨額の財政赤字だ。一三年度は増税や景気回復による歳入増加と同年三月一日に発動された歳出強制削減のおかげで財政赤字はピーク時の〇九年度（一兆四〇〇〇億ドル）に比べ半減した（六八〇〇億ドル）が、それでもオバマ政権の国内福祉重視のしわ寄せは国防費に来ざるを得ない。オバマ大統領は一一年十一月の豪州議会演説で「国防費削減はアジア太平洋を犠牲にしない」と強調したものの、国防費の削減が続けば、「太平洋向けの予算は大西洋に比べると削減幅が小さいかもしれないが、それでも削減される」（ジェームズ・アワー米バンダービルト大学教授）ことは避けられそうにない。

すると、オバマ政権が中国に強い姿勢を打ち出せるのか怪しくなってくる。あまつさえ米国には、ブレジンスキー元大統領補佐官のような筋金入りの米中協調論者がいる。同元補佐官は中国人記者とのインタビューで「米国はアジアの紛争や、一種の反中同盟に巻き込まれない方がよい」と述べ、欧州大陸に対して「光栄ある孤立」政策を取った一九世紀の英国に倣い、アジア諸国間のバランスを取って安定を維持することに徹すべきだとさえ主張している(※18)。日本をはじめとする同盟・友好国との連携で中国を牽制するという構図は米国の有力者に共有されているわけではないのである。

米国の対中関与政策の歴史を振り返ると、ニクソン大統領の訪中はベトナム戦争終結や対ソ戦略上の必要から、国際的に孤立していた中国を国際社会の一員に引き上げるものだった。ブッシュ政権(二代目)のゼーリック国務副長官が打ち出した「責任あるステークホルダー」路線は、国際社会の単なる一員ではなく、国際社会のルールを維持・強化する責任を果たすべきだと中国を説教するものだった。当時、米国は台頭する中国に警戒を強めてきたが、両国間にはまだ大きな力の差があり、米国には余裕があった。しかし、米国がイラクとアフガニスタンでの戦争に没頭している間に、台頭した中国は増長し、国際ルールを無視し、米国に歯向かうまでになった。それにブレーキをかけようとしたのがオバマ政権のアジア回帰政策だったはずである。

安全保障上の命綱とも言える米国が頼りにならなければ、日本はどうするのか。戦後、日本は生存と安全を他国に委ね、多くの国民がそれをおかしく思わない時期が続いた。しかし今、日本の目と鼻の先には、領土的野心をむき出しにする中国と、年端もいかない経験不足の独裁者が核兵器をもてあそぶ北朝鮮がいて、日本の安全保障を脅かしている。中国には、世界中で日本の悪口を言って回る非常識な指導者を頂く韓国がすり寄り、中韓の「反日」二重奏を奏でている。日本を米国に再び盾突かない国家に改造するため戦後すぐに制定された現憲法のくびきから今こそ脱し、自国の安全を守る責任は第一義的には自国が負うという当たり前の国家に戻らなければならない。

その上で、自由、民主主義、人権、法の支配といった普遍的価値観を共有する諸国の一員として、米国との同盟関係の下で、国際社会の平和に積極的に貢献する国家にならなければならない。第一次政権で「戦後レジームからの脱却」を唱えた安倍晋三首相がこの重大な時期に再び政権を担当している意味は大きい。日本が国際平和に貢献する決意を行動によって示せば、対中関係で腰が定まらないかに見えるオバマ政権も、同盟国としての日本を見直すのではないか。

※1 関与政策の変遷に関する以下の記述は、櫻井よしこ／北村稔／国家基本問題研究所編『中国はなぜ「軍拡」「膨張」「恫喝」をやめないのか』〈文春文庫〉に主として依拠している。ジェームズ・マン『米中奔流』（鈴木主税訳、共同通信社）も参考にした。

※2 James A. Baker, III, *America in Asia: Emerging Architecture for a Pacific Community*, Foreign Affairs, Winter 1991/92

※3 Condoleezza Rice, *Campaign 2000: Promoting the National Interest*, Foreign Affairs, January/February 2000

※4 Robert B. Zoellick, *Whither China: From Membership to Responsibility?* (http://2001-2009.state.gov/s/d/former/zoellick/rem/53682.htm)

※5 例えば The White House, *The National Security Strategy of the United States of America* (March 2006); U.S. Department of Defense, *The Quadrennial Defense Review* (2006), *Military Power of the People's Republic of China* (2006,2007,2008), *National Defense Strategy* (June 2008)

※6 Remarks by the President at the U.S./China Strategic and Economic Dialogue, The White House, July 27, 2009 (http://www.whitehouse.gov/the_press_office/Remarks-by-the-President-at-the-US/China-Strategic-and-Economic-Dialogue)

※7 C. Fred Bergsten, *A partnership of Equals*, Foreign Affair, July/August 2008; Zbigniew Brzezinski, *The Group of Two that could change the world*, ft.com, January 13, 2009 (http://www.ft.com/cms/s/0/d99369b8-e178-11dd-afa0-0000779fd2ac.html)

※8 Hillary Rodham Clinton, *Inaugural Richard C. Holbrooke Lecture on a Broad Vision of U.S.-China Relations in the 21st Century*, January 14, 2011 (http://m.state.gov/md154653.htm)

※9 Hillary Rodham Clinton, *America's Pacific Century*, Foreign Policy Magazine, October 11,2011

※10 Remarks By President Obama to the Australian Parliament, The White House, November 17, 2011 (http://www.whitehouse.gov/the-press-office/2011/11/17/remarks-president-obama-australian-parliament)

※11 Department of defense, *Sustaining U.S. Global Leadership: Priorities for 21st Century Defense*, January 2012
※12 Hillary Rodham Clinton, *Hard Choices*, Simon & Schuster, 2014, p.75
※13 *Robert Zoellick: China 'Reluctant Stakeholder' in World Economic Woes*, Asia Society, August 14, 2011 (http://asiasociety.org/business/economic-trends/robert-zoellick-china-reluctant-stakeholder-world-economic-woes)
※14 トゥキディデスの理論については、ハーバード大学のジョゼフ・ナイ教授が国際政治学の教科書で詳しく紹介している。ジョセフ・S・ナイ・ジュニア『国際紛争―理論と歴史［原書第5版］』（田中明彦・村田晃嗣訳、有斐閣）p.16-27
※15 Jeffrey A. Bader, *Obama and China's Rise*, Brookings Institution Press, 2012,, p.149-150
※16 米陸軍大学（U.S. Army War College）戦略研究所のデービッド・ライ教授は、中国メディアに対する楊潔篪前外相のブリーフィングを基に、習主席がカリフォルニア州での米中首脳会談で、新型大国関係には「核心的利益」の相互尊重が含まれると主張したことを紹介している。David Lai, Doubts on China's *"New Model for Great Power Relationship"* (http://www.strategicstudiesinstitute.army.mil/index.cfm/articles/Doubts-On-Chinas-New-Model/2013/10/3)
※17 John Kerry, *U.S. Vision for Asia-Pacific Engagement*, Honolulu, Hawaii, August 13, 2014 (http://www.state.gov/secretary/remarks/2014/08/230597.htm)
※18 *China's biggest challenges stem from success*, Global Times, March 18, 2013 (http://www.globaltimes.cn/content/768876.shtml)

■「レーガン保守」が示唆する憲法改正の覚悟

福井県立大学教授
島田洋一

■しまだ よういち
昭和三十二（一九五七）年、大阪府生まれ。京都大学卒業、同大学院法学研究科政治学専攻博士課程単位取得退学。高坂正堯氏、勝田吉太郎氏に師事した。京都大学法学部助手、文部省教科書調査官、福井県立大学助教授を経て、同大学教授。著書に『アメリカ・北朝鮮抗争史』など。

価値観戦略と「宥和の枢軸」

自由・民主・法の支配・人権といった理念（価値観）を蔑《ないがし》ろにし、国際秩序を脅かす全体主義政権にどう対処するか。その基本的姿勢によって、政策決定に影響力を持つ人々を、大きく政体変更（レジーム・チェンジ）派と平和共存派に分けられよう。

前者はしばしば後者を「宥和派（appeaser）」と呼び、後者は前者を「戦争屋（warmonger）」と呼ぶ。もちろん截然《せつぜん》と二派に分かれるわけではなく、純粋な「宥和派」と純粋な「戦争屋」を両極端とする連続帯のどこかに各人が位置する構図となろう。

アメリカの政体変更派は、ソビエト帝国を崩壊に導いた故ロナルド・レーガン大統領にちなみ、自らを「レーガン保守」（Reagan conservative）と呼ぶ人々でもある。彼らは、国家安全保障に関し、「力を通じた平和」（peace through strength）や「私の冷戦戦略を言おう。我々が勝つ、彼らは負ける（We win. They lose.）」といったレーガンの言葉を好んで引く。

一方、アメリカの平和共存派の最大の拠点は国務省である。オバマ政権および与党民主党は国務省に寄り添う傾向が強く、新聞・テレビなどの主流メディアも平和共存派が優勢である。目を日本に転ずれば、安倍晋三首相および同志として行動を共にしてきた人々は、米レーガン保守と最も親和性の高いグループといえよう。

安倍が今後、北朝鮮や中国の自由民主化、すなわち政体変更も視野に入れた「価値観戦略」

（狭義の「外交」を越え、改憲・軍事・経済・エネルギー政策等も含む意味で「戦略」の語を用いる）を立て、揺るがず実行していくなら、将来「安倍保守」を自任するグループが出てくるかもしれない。が、今は米レーガン保守に対応する日本側勢力を仮に「自由改憲保守」と呼んでおく。

日本が価値観戦略を進めるに当たり、アメリカのレーガン保守は最も信頼できるパートナーとなろう。ただ、彼らは現在権力の中枢からはずれている。政権復帰は、早くとも二〇一六年十一月の大統領選を経た後となる。

もっとも、下院では共和党が多数を占め、憲法上衆議院の優越が規定された日本と異なり、予算審議では下院は上院と同等の権限を持つ。すなわち、レーガン派が拠点とする共和党は、下院を拠点に、特に予算面からオバマ政権の政策に影響力を行使しうる。

各省の長官以下幹部人事（次官補代理以上）や大使、裁判官人事に承認権を持つ上院は、二〇一四年十月現在与党民主党が多数を占めている。ただ上院では、個々の議員や少数派に拒否権に近い権限を与える独特の院内規則が存在する。例えば、単純過半数で議決が為される下院と異なり、上院（定数一〇〇）では半数プラス一〇に当たる六〇人（すなわち五分の三）以上の賛成がなければ採決に入れないとするのが原則だった。二〇一三年十一月に与党民主党が手続き上の抜け穴を用いて、各省庁幹部や下級裁判所判事の人事については、単純過半数の賛成で採決に入れるよう規則の変更を行ったが、最高裁判事人事と法案については従来通り五分の三以上の賛成がなければ採決に入れない。

また、大統領が提示した人事に関し、個々の議員が一定期間「待った」(ホールド)を掛けることもできる。従って政権側にとって上院議員は、一人たりとも決定的には敵に回したくない存在と言える。日本の自由改憲保守にとっては、オバマ政権が平和共存派中心だけに、一層米議会レーガン派との緊密な意思疎通が重要となろう。

日本においても外務省は、米国務省同様、宥和派が主導する組織である。両者は国境を越えて連携し、価値観戦略(彼らに言わせればその「行き過ぎ」)に対する抵抗勢力であり続けるだろう。ブッシュの「悪の枢軸」にならい、国務省・外務省ラインを「宥和の枢軸」(axis of appeasement)と呼んでもよいかも知れない。

北朝鮮テロ指定解除および核検証をめぐる攻防

政体変更を睨んだ対全体主義国政策を「宥和の枢軸」が掘り崩した事例として、ジョージ・W・ブッシュ政権末期の「北朝鮮テロ指定解除および核検証」をめぐる攻防が挙げられる。

「金正日には虫酸が走る」(I loathe Kim Jong-il.)と公言した大統領のもと、二〇〇五年九月の金融制裁発動をピークに、ブッシュ政権は北朝鮮への圧力を相当程度強化した。

その推進者の一人で、国務次官(軍備管理・不拡散担当)や国連大使を務めたジョン・ボルトンは、二〇〇七年の回顧録で、日本の動向がカギになったと述べている。(北朝鮮問題に関して）日本が着実に、厳しい姿勢を取るに至ったため、国務省の東アジア・太平洋担当部局も、重要な政策的立場を簡単に捨て去ることができなくなった。

この間、日本の拉致被害者家族会、救う会、拉致議連の要請に応じ、米国務省が北朝鮮のテロ国家指定理由に拉致を加えるなどの動きもあった。ブッシュ政権第一期の国務副長官として事に当たったリチャード・アーミテージは次のように語る。

拉致と核、北朝鮮にとってどちらが解決が易しいか。明らかに拉致問題だ。事実を認めて被害者を返せばよいだけである。一方、核は体制の生き残りに直結する。それゆえ、北が拉致で取る態度が、核における姿勢を測る判断基準になる。拉致問題で嘘を言う政権が核問題で本当のことを言うはずがない。騙されやすい人々を啓蒙する意味でも、拉致の現状を継続的に発信して欲しい。

一方、ブッシュ政権第二期（二〇〇五年一月から二〇〇九年一月）に国務長官を務めたコンドリーサ・ライスは、北朝鮮は長くテロに手を染めておらず、厳密には「テロ支援国」の要件を満たしていないとした上、指定解除が持つ意味を次のように解説している。

北朝鮮をリストから外すという行為が発するシグナルは重要だった。北朝鮮自身が、テロ指定解除を国際社会の目に自己の体制を正当化する措置として重視していただけになおさらだった。

テロ支援国指定ないし解除は米国の政策であり、本来、他国が容喙《ようかい》すべき筋ではない。しかし、日本からの明確な意思表明は、宥和派への対抗上、特にレーガン保守が歓迎するところであった。

さらにブッシュ政権は、テロ指定解除の条件として、北朝鮮による「すべての核計画の完全かつ正確な申告」（二〇〇七年十月三日六者合意）および検証プロセスの確定を挙げた。申告内容と検証プロセスについては、六者協議のメンバーとして、日本政府にも独自の判断に基づき態度表明を行う権限と責任があった。米側の判断が間違っていれば、明確に異議を唱えねばならない。

以上の二点から、北朝鮮のテロ指定解除および核検証をめぐるせめぎ合いは、日本外交の主体性が問われる問題でもあった。なおこの時期、日本の首相は、安倍晋三（第一次）が二〇〇六年九月二十六日から二〇〇七年九月二十六日まで、福田康夫が二〇〇八年九月二十四日まで、次いで麻生太郎が二〇〇九年九月十六日まで務めている。

北朝鮮政策をめぐりブッシュ政権が明らかな変調を見せたのは、二〇〇六年十一月の中間選挙で、上院における多数を共和党が失って以後である。宥和派のライス国務長官、クリストファー・ヒル国務次官補が主導権を得、二〇〇七年二月には、六者「共同文書」（北の核関連施設停止、見返りに重油支援等）の発表と時を同じくして、効果を上げていた対北金融制裁を解除した。取り返しの付かない失敗だったと言える。

さらに同年十月三日の六者合意で、北は「すべての核計画の完全かつ正確な申告」を約束した。以後、北の意向に沿う形で、ライス、ヒルは、テロ指定の解除、ウラン濃縮の黙認、拒否権付きの核検証など、矢継ぎ早に譲歩を重ねようとする。ボルトンは次のように述べる。

ブッシュ政権下における北朝鮮政策の教訓は、基本的に、「復活した官僚制」の教訓である。彼らの教理テキストは常に同じだ。すなわち、話し合いで北朝鮮に核兵器計画を捨てさせられる、である。

日本から発せられた誤ったメッセージ

米政府部内でせめぎ合いが続く中、二〇〇八年半ば、宥和派を後押しする誤ったメッセージが日本から発せられた。六月十三日、福田政権は、日朝協議の結果、北が拉致「調査委員会」を設置する見返りに制裁を緩和する旨の合意が成立したと発表した。

交渉担当者の齋木昭隆外務省アジア大洋州局長によれば、北の「再調査」には期限を切らない一方、日本側の制裁解除（すべての北朝鮮船舶に人道目的での入港を認める等）は発表と同時にすでに実施したとのことだった。「日本が先に制裁解除すれば、下手に調査結果を出して日本側の怒りを買い制裁再発動となるよりも遅延策に出た方がよいと北が考えるのでは」という飯塚耕一郎（家族会事務局次長）の危惧はもっともであった。

批判の高まりに押されて、政府は船舶入港解禁などの措置を撤回し、北との再協議に入ったが、拉致問題で大きな進展があったかのごとき間違ったシグナルは対外的に充分発せられた。

ブッシュ政権は、約十日後の六月二十六日、北朝鮮のテロ指定解除に向けた手続きを開始する旨発表する。記者団から感想を聞かれた福田は、次のように答えている。

福田　……北朝鮮の核の問題が解決をする方向に進むというのであればね、それは歓迎すべきことですよ。……

記者　総理自ら、ブッシュ大統領にテロ支援国家指定解除の取りやめをお願いするということはありますでしょうか。

福田　いや。……核の問題が解決するのであれば、それは望ましい事ではないんですか。我が国にとっても。ですから、そういうのであれば、歓迎すべきことなんですよ。ね、あとは拉致の問題を解決するということです。そしてまた、核と拉致の両方を解決するためにも日米関係は大事だと申し上げています。分かった？　分かった？

北が内示した核申告書の内容は、しかし、ウラン濃縮や核爆弾製造施設などに触れないまったく不完全なものであった。ライスは国家安全保障会議（ＮＳＣ）の場で、今回はあくまで「第一歩」であり、北はヒルに対して非公式にウラン濃縮も認めているから後々対処すればよいと申告書の受け入れを主張した。チェイニー副大統領は記している。

軍備管理へのこんなアプローチは、かつて見たことがない。我々は虚偽の申告を受け入れるのみならず、相手方が申告の虚偽性をクリス・ヒルの耳に囁いたから安心してよいというのである。国務長官は、繰り返し大統領に、大丈夫、すべてうまくいっていると請け合った。しかし、明らかにそうではなかった。

「軍備管理へのこんなアプローチは見たことがない」――この言葉は、日本政府からも強くブッシュ政権に発せられねばならなかった。しかしそうした行動が起こされた形跡は見られない。

その後、申告内容の検証方法をめぐる米朝協議が難航し、同年八月二十六日、ブッシュ政権はテロ指定解除を保留すると発表した。北朝鮮も核施設の「無能力化」作業中断を宣言し対抗する。

十月はじめに至り、米朝の実務者間で合意が成立した。核申告書に含まれない疑惑施設については、「双方の同意に基づいて」(on mutual consent) 検証すると、事実上、北に拒否権を認める内容であった。

この実務レベル合意を承認し、北のテロ指定を解除するか、二〇〇八年十月九日、ブッシュは、チェイニー、ライス、ハドリー(国家安全保障担当大統領補佐官)の三人を呼び、最終調整のための四者会合を持った。チェイニーは次のように報告している。

日本の問題が提起された。……日本側は、拉致問題の解決がないまま我々が北のテロ指定解除に踏み切りかねないと感じていた。……日本側はまた、我々が北の言葉を額面通り受け取る傾向にあり、このゴロツキ国家を信用しているのではないかと危惧していた。

ライス国務長官は、日本からの反対の声を否定し、日本側は「国内の政治状況に対処するため」二十四時間待つよう求めてきているだけと大統領に語った。これは正確ではなかった。その日の内に、私はトム・シーファー駐日大使からメッセージを受け取り、大統領に回送した。シーファーの報告では、日本側は、今の形での「検証提案」は受け入れられないとしていた。シーファーはまた、日本の首相（麻生）からの警告も伝えてきた。北朝鮮の欺瞞の歴史に照らせば、いかなる合意も文書化することが必須というものだった。

ライスも回顧録で同じ会合に触れている。

副大統領は、北朝鮮のテロ指定解除に全面反対で、取りつく島がなかった。北が核申告書に関し義務を果たさなかった以上、それは悪い行動に褒賞を与えることになると言うのだった。

ライスによれば、ブッシュは「明らかに迷って」おり、その夜、何度も電話を掛けてきたという。が、中東で厳しい状況が続く中、東アジア情勢を複雑化させたくないとハドリーがライスに同調したこともあり、ブッシュも最終的に、北のテロ指定解除を了承した。

ブッシュ政権の誤りと日本政府の追随

当時、対北制裁（戦略的法執行）の調整官を務めたデヴィド・アッシャーは、ブッシュ政権は二つの、言い訳不能の誤りをおかしたと総括している。

一つ目は、金融制裁を解除し宥和外交に走ったこと、二つ目は、「非合法活動防止構想」(Illicit Activities Initiative, IAI) と「大量破壊兵器拡散防止構想」(Proliferation Security Initiative, PSI) の連動化をためらったことである。

麻薬、ニセ札、資金洗浄に関するIAIの情報収集ネットワークで把握した北朝鮮・イラン間の大量破壊兵器取引に対してPSIを発動、船舶・車両・航空機等を臨検し戦略物資を押収する、というのが連動構想だったが、ライス、ヒルに加え、ブッシュ、ハドリーも次第に消極的となり、「行動可能な情報」(actionable intelligence) を上げても握りつぶされるに至ったという。

「コンディ（ライスの愛称）が、北の対シリア核支援やウラン濃縮など明らかな事実まで抑え込もうとしたのは、歴史に例を見ない愚行で、未だに信じられない」とアッシャーは筆者に述懐した。

ブッシュが招集した上記四者会合から二日後の十月十一日、米政府は、核施設の検証方法で北との合意が得られたとして、正式にテロ指定の解除を発表した。

十月十二日（日本時間）、記者団から受け止めを聞かれた麻生太郎首相は次のように答えている。

北朝鮮の非核化には、検証を実質的にやれる枠組み作りが一番。……その実質的な検証ができる枠組み作りが全然進んでおらず、それを取るために米国はテロ支援国家指定解除を利用した。昔から米国はこの方法が実効が上がるとずっと言っていた。まったく動かない状況のまま置いておくより、きちんとやったほうがいいというので（解除に）踏み切ったと理解している。一つの方法だと思う。

米側が「きちんとやった」かどうかの中身が問われているわけだが、麻生の言葉には、自主的な判断の形跡が窺えない。

国家基本問題研究所は、当時、『米朝合意』は誤りである。日本政府は承認するな」と題する次のような「緊急提言」を行った（二〇〇八年十月十七日付）。

【緊急提言】　十月十一日、米国務省は、「検証に関する米朝合意」を発表した。同時に米政府は、米国内の反対を押して北朝鮮の「テロ支援国指定」の解除も発表した。これは、アメリカの名誉を傷つけ、日米の信頼関係を損なう誤った決定と言わざるをえない。日米同盟を重視する本研究所は、強い遺憾の意を表明する。

日本政府がどこまで事前に明確に警告を発したのか、検証されねばならないが、「テロ支援国」の指定・解除は、帰するところアメリカの政策であり、一義的責任は米政府に存する。

一方、核計画の検証に関して、米朝合意を承認するかどうかは、日本政府の責任に直接帰する問題だ。あくまで自主的に判断し、行動せねばならない。

米朝合意は、未申告の疑惑施設は「双方の同意に基づいて」検証するとして、北に拒否権を与えている。だが核爆弾製造・貯蔵施設などの査察に、北が「同意」するとは考えにくい。したがってこれは、事実上、検証の放棄、核兵器製造の容認に他ならない。さらにいえば北朝鮮の核保有を認めることになりかねない。

近く六者協議が開かれると予想される中、我々は日本政府に対し、次のような対応を強く求める。
(1)日本は、核兵器製造施設など重要情報を含まない北の核申告を、「すべての核計画の完全かつ正確な申告」(二〇〇七年十月三日六者合意)とは認めないと明言すること。
(2)核計画の検証問題で、原則的姿勢を強く打ち出すこと。たとえば、「未申告の施設についても、国際原子力機関(IAEA)が必要と認める場合、北は査察を受け入れる」といった対案を出し、米朝合意は承認しないこと。

核問題と拉致問題

「対案を出し、米朝合意は承認しないこと」と提言の最後にあるが、実はこの二日前（十月十五日）、外務省の齋木局長（六者協議首席代表）が、米朝合意を「六者間の正式な合意として文書化すべき」と米側に対して「繰り返し」指摘し「結果」を得たと語っていた。すなわち合意内容への異議どころか、早々に追認していたわけである。

齋木は、「安保理決議があれば強制検証も可能だが、一般論としては、受け入れ国の同意がなければ入れない」と語っている。しかし、北朝鮮が国際原子力機関（ＩＡＥＡ）と取り交わした保障措置協定（一九九二年一月三十日）では、自己申告施設以外への特別査察があり得ると明記されている。同年、ルーマニアが特別査察を受け入れた例もある。

例えば、北朝鮮に対し改めて、ＩＡＥＡが必要と認めれば特別査察を受け入れるよう求め、容れなければ、対北制裁を維持強化するといった対応もありえたろう。

日本政府が無批判に米朝「検証」合意を受け入れたことで、その分、テロ指定解除に向けた流れは加速された。チェイニーの回想に、「シーファーの報告では、日本側は、いまの形での『検証提案』は受け入れられないとしていた」とあるが、日本政府が「文書化の必要」を越えた、中身に及ぶ異議を唱えた形跡はない。誤った合意なら、文書化しない方が、将来を拘束しない分ましだったとも言えよう。

齋木を批判しているのではない。政治がリーダーシップを失えば、国務省・外務省「宥和の枢軸」ラインが事態を動かすに至るのは当然である。ボルトンは言う。

多くの「ハードライナー」の政権からの離脱は、フットボールで言えば、ディフェンス・チームから選手をはずしていったようなものだ。ディフェンスの数が次第に減っていけば、官僚オフェンスですら、得点をあげることができるようになる。

ちなみに、チェイニーの盟友であったラムズフェルドは二〇〇六年十二月十八日に国防長官を辞任、ボルトンも二〇〇六年十二月九日に国連大使を辞任している。首席補佐官や次官補クラスにおけるレーガン保守（ルイス・リビー、ボブ・ジョゼフ、ジム・クラウチなど）も次々政権を去っていた。政権中枢部においてチェイニーの孤立は明らかだった。

一方ライスにも、結局、勝利感はない。回顧録に彼女はこう書いている。

私は、大統領に相当危ない橋を渡らせていると分かっていた。北朝鮮側が約束を守らなければ、彼は凄まじい批判に晒されるだろう。そして不幸なことに、まさにそういう事態になってしまった。

ライスの回顧録には、自身の「嫌日」感情を吐露した部分もある。

日本に行くことは、日を追って気の重いものとなった。この国は、停滞し高齢化しているのみならず、近隣諸国との古い敵対関係を引きずって身動きが取れない。

私は日本人とは残念ながら個人的に肌が合わないとも感じていた。日本側は、私が北朝鮮の核問題解決に関心を向けすぎ、拉致問題で一線を守るつもりがないと見ていた。拉致は確かに悲劇的な問題だが、私には、日本側は拉致でアメリカに協力させるテコを失わないため、六者協議の失敗を望んでいるのではないかとさえ思われてきた。残りの任期中、私は核と拉致をリンクさせないよう闘った。

全体主義勢力に対する王道

日米の保守派は、ライスが「北朝鮮の核問題解決に関心を向けすぎ」ていると批判したのではなく、彼女のやり方では、拉致を含む人権問題を棚上げにした上、核問題でも騙されると憂慮したのである。

なお、ライスが「近隣諸国との古い敵対関係を引きずって」云々と歴史問題でも日本に批判的である点に注意したい。日本が価値観戦略を進めれば、それを抑え込みたい勢力が歴史カードを用いてくるというパターンがここにも窺える。

アメリカはどういう対応を取るべきだったか。チェイニーは、全体主義勢力に対する際の鑑《かがみ》として、レイキャビク会談におけるレーガンの姿勢を挙げる。

将来の指導者にとってよいモデルは、ゴルバチョフとの一九八六年レイキャビク首脳会談におけるロナルド・レーガンのアプローチだ。彼は、得られるものなら何でも得たいと焦るようなことはなかった。ミサイル防衛に関するアメリカの権利で譲歩せず、ソ連側がその点を認めようとしなかった時点で、会談を打ち切った。

当時、アメリカとのミサイル防衛開発競争になればソ連は耐え得ないと見たゴルバチョフは、レーガンが提案した十年以内の核兵器全廃に応じる条件として、米側が戦略防衛構想（ＳＤＩ）を実験室レベルに留めるよう強く求めた。米側においても、実現性の怪しいＳＤＩは取引カードとして捨ててよいとの意見が有力だったが、レーガンはあくまで開発推進にこだわった。

その結果、レイキャビク会談は決裂する。しかし結局さらにソ連が譲歩する形で中距離核兵力全廃条約の締結となり、事態はソ連圏の崩壊にまで進んだ。国務長官としてレイキャビク会談に同席したジョージ・シュルツは、「もしレーガン大統領が妥協し、ＳＤＩを死なせることに同意していれば、我々は、こちらが望む形でソ連を動かし続けるテコを完全に失ってしまっただろう。あそこで踏み留まった大統領に私は敬意を抱いた」と振り返っている。

金融やテクノロジー分野での優勢を戦略的に活用しつつ、「彼らが約束を守るよう主張し続ける」、守らなければ締め付けを強めるというのが、チェイニーが言う通り、全体主義勢力に対する際の王道であろう。

国連海洋法条約を批准しないアメリカ

アメリカはいまだに国連海洋法条約を批准していない。クリントン政権が一九九四年に調印したものの、憲法上必要な上院の三分の二以上の賛成を得られないためである。反対の中心にレーガン保守がある。米国の批准の是非には立ち入らないが、彼らの議論には、「専守防衛」や「国連第一主義」という観念に縛られてきた日本人にとって、新鮮な論点が幾つもある。見てみよう。

反対の論拠は大きく二つある。一つは「国際使用料」、もう一つは対中戦略に関わるものである。前者はラムズフェルドが、後者はボルトンとダン・ブルメンソールが代表的論者と言えよう。

ラムズフェルドは、国連海洋法条約に関する上院外交委員会公聴会（二〇一二年六月十四日）で、次のように公述している。

この条約は「国際海底機構」と呼ばれる国連スタイルの組織を産み出した。……条約に加入すれば、第八二条の規定に基づき、深海底資源を開発する米国企業は、相当な国際使用料を支払わねばならない。米国財務省が徴収すればアメリカ国民のために使われるはずの資金が、「国際海底機構」を通じ、腐敗した独裁政権やテロ支援国家にも配分されることになる。

ボルトンとブルメンソールの反対論は、中国の海洋覇権行動に焦点を当てている（両者共同執筆「海洋法条約を再び葬るべき時」ウォール・ストリート・ジャーナル、二〇一一年九月二十九日）。

問題は、中国が、自国の「排他的経済水域」から米軍を排除する努力を強めていることだ。……適切に読めば、国連海洋法条約は排他的経済水域を国際海域としている。しかし中国は条約の曖昧さにつけ込み、何世紀にもわたって無制限の海上行動が慣行で認められてきた地域に「進入禁止」ゾーンを宣言した。

空中および海上における情報収集、監視、偵察について取り上げよう。海洋法条約は、排他的経済水域におけるこれらの活動について沈黙しており、それゆえ中国はすべてを規制できる（実質的には禁止を意味する）と主張している。中国政府はまた、環境問題に対する西側の敏感さにつけ込み、厚顔にも、米軍艦が中国の排他的水域を汚染していて、汚染に対しては条約上、沿岸国が二四海里まで規制できると主張している。

中国は、周辺諸国を圧倒するため、アメリカの接近を拒否する構えを強めている。……上院が条約を批准すれば、我々は条約の曖昧さや条約に規定された紛争解決メカニズムに服することになろう。現在は、アメリカが世界最強の海軍国であるため、我々の行動が国家間の慣行ひいては国際慣習法を、我々に明確に有利な形で規定している。……

ベトナム、フィリピン、日本など他のアジア諸国の排他的水域に中国が絶え間なく侵入している事実に鑑みれば、これら諸国も、自己防衛のため、自らの排他的水域における他国の海洋行動を制限してくるかも知れない。そうなればアメリカの努力は一段と難しくなる。

インドと日本には、反射的に海洋法条約を支持するのをやめるよう望みたい。台頭する中国を抑える上で、両国には、アメリカとの協力強化を含む別の重要な手段がある。海洋法条約は答ではない。むしろ、アメリカや関係諸国が中国の挑戦に応じるために必要なハードワークからの、欺瞞的かつ欠陥多い脱出ハッチに過ぎない。

そのハードワークには、海軍予算や装備の充実や、中国の排他的水域内で演習を行うこと（国際慣行に則って。特に偵察業務において）が含まれねばならない。紛争のエスカレートを防ぐ外交努力と共に、これらの措置によって、同盟国は、中国との紛争解決に当たってアメリカの全面支持が得られると確信するに至ろう。（以上、引用終わり）

中国の覇権主義に対抗する上で、インドが核兵器不拡散条約に加盟せず、核抑止力を保持することが日本の国益に適うのと同様、アメリカが国連海洋法条約を批准しないことが、対中戦略上、日本の国益に適う面が確かにあるかも知れない。日米印三国を中心とした更なる戦略協議が求められる。

レーガン革命と憲法改正運動

『レーガンの時代』全二巻の大著がある現代史家スティーブン・ヘイワードは、政治家レーガンを高く評価しつつ、「レーガン革命の欠陥は、それ自身の全面的な憲法運動として展開し得なかったことにある」と指摘している。

一九八七年、レーガン政権は「経済的権利章典」(Economic Bill of Rights) と題し五つの条文からなる憲法修正案を提示した。すなわち、①連邦歳出に上限設定、②個別条項拒否権、③均衡予算、④賃金価格統制の禁止、⑤増税法案には議会の三分の二の賛成必要、の五項目である。

「これが(就任一年目に当たる)一九八一年なら、素晴らしいアイデアだったかも知れない。しかし一九八七年では、もはや議会を通る可能性はなかった」(ヘイワード)。一九八六年十一月の中間選挙において上下両院で野党民主党が多数を得、時を同じくして発覚したイラン・コントラ・スキャンダル（特にイランとの「武器と人質の交換」については、レーガン保守の間でもテロを助長したとして批判が強い）も与って、レーガンの政治的求心力は低下していた。

とは言え、レーガン政権下では、エド・ミース司法長官が裁判所の違憲立法審査権（合衆国憲法には規定がなく、裁判所が判例により自己付与してきた）に関する憲法論議を喚起するなど、時に改憲に踏み込もうとする姿勢は見せた。しかし、「その後の保守派の政治指導部は、真剣な、広範囲に亘る憲法論議に訴える姿勢をほぼ完全に欠いてきた」とヘイワードは言う。

この点、安倍政権や与党自民党にとっても重要な示唆と言えよう。二〇一三年八月十二日、安倍は「憲法改正に向けて頑張っていく。これが私の歴史的な使命だ」と発言した。日本の現行憲法には、九条のような、他国に例を見ない欠陥条項もある。改正の緊要性はアメリカの場合より遥かに高い。内外にわたる組織的な抵抗を乗り越え「価値観戦略」を実行していくためにも、憲法改正運動のうねりを起こし求心力を高めることが必要だろう。

■愛すべき日本、学ぶべき明治

東京大学名誉教授
平川祐弘

■ひらかわ すけひろ

昭和六（一九三一）年、東京都生まれ。旧制一高一年を経て、東京大学教養学科卒。東京大学名誉教授（比較文学比較文化）。主な著書に『ルネサンスの詩―城と泉と旅人と』『和魂洋才の系譜』『小泉八雲―西洋脱出の夢』『竹山道雄と昭和の時代』『ダンテ「神曲」講義』『西洋人の神道観―日本人のアイデンティティーを求めて』『日本人に生まれて、まあよかった』など。

まえがき――『朝日新聞』の敗北

「次の総理は誰か」というアンケートに答えて、『文藝春秋』二〇〇五年五月号にも二〇一一年七月号にも私は安倍晋三氏をあげた。安倍氏を良しとした理由に「首相には朝日社説と逆のコースを行く人がいい」と書いた。それというのは戦後の『朝日新聞』は社会主義陣営に色目をつかい、全面講和論を主張して吉田茂首相の単独講和や岸信介首相の安保改定に反対、中国の文化大革命に理解を示し社会面では日本の学生にも造反有理を扇動した。『朝日新聞』は戦後の大切な節目に日本国民をミスリードしてきたといわざるを得ない。そんな私見に反撥したかどうか知らぬが、『朝日』は安倍氏を目の仇に一大キャンペーンを張り、事実、第一次安倍内閣の倒閣に成功した。だがその後も執拗な攻撃を加えたにもかかわらず、鳩山由紀夫・菅直人両氏の失態と民主党内閣の無策もあって、安倍氏は見事に自民党総裁にカムバックした。これは裏返せば、『朝日新聞』など日本を否定的に見ることに意味を見出してきたマスコミの敗北であろう。

では安倍首相の再登場によって、かつて安倍叩きに生き甲斐を感じた左翼ジャーナリストは前非《ぜんぴ》を悔い誤りを認めたかというと、そう見えない。紙面を政治的に操作することに権力者の自己満足を覚える新聞人たちである。選挙に出て政見を述べて戦おうとせず、マスコミを使って政治をする。そんな姑息《こそく》な連中はいまも政敵を陥れる機会を狙っている。

そんな新聞は昔は『朝日プラウダ』と陰口を叩かれた。表面では中立公正を標榜《ひょうぼう》しながら紙面を利用して政治運動をしたからである——四十年ほど前、私は腹にすえかねて『朝日プラウダ』記者何々殿と書いて同社に抗議文を送ったことがある。すると先方もさるもの、ユーモアを解する人で「私は『朝日プラウダ』の何々記者ですが」と名乗って電話を掛けてきた。それで二人とも電話口で笑った。しかし昨今では『朝日人民日報』記者何々殿と呼ばれたならば、さすがに相手も恥ずかしくて電話もよこさないだろう。社会主義の祖国ソ連邦は崩壊し、人民中国が人民の天国でないことは見え見えになってしまったからである。

しかしイデオロギー的な親露・親中路線の記者は減ったが、それでも心情的に中国の肩を持つ人は温存されている。毛沢東の後継者と目された林彪の逃亡と死亡を認めずかたくなに報道を拒否した親中派の秋岡元北京特派員など中国ではその後も数十年間の長きにわたり中日友好人士として大事にもてなされてきた。中国語の新聞に秋岡家栄の名が大きく好意的に報道されたことが何度もあった。朝日新聞社からは近年も、中国特派員を辞めた後、北京の日本向け宣伝誌『人民中国』の編集部に天下りした者がいた。こんな様では公正な中国報道がされるはずはない。これでは日本外務省のチャイナ・スクールの役人がたとえ北京の外交部へ天下りしても、新聞はそれを批判できなくなるではないか。それともあれもこれも職業選択の自由のうちか。

しかしコミンテルンのスパイだったゾルゲに協力した尾崎秀実記者を理想化する人もいる。

少なくとも以前はいた。日本帝国主義と戦うべくソ同盟を助けて刑死したから尾崎は偉い、英雄だ、という評価らしい。だが日本軍部が悪であったとして、スターリン主義がそれを遥かに上まわる巨悪であったとしたら、どうする。「偉大な同志スターリン」に奉仕したことがそれほど立派か。

そんなバランスを失した世界認識も行なわれたマスコミ社会である。新聞人の中には国際的な反日連合を組むことに生き甲斐を感じる人はこれからも出るだろう。それだから日本再生の処方箋を述べる際には、有効性のある処方を述べ、優先順位に留意し、古びた左翼だけでなく愚かな右翼をも斥《しりぞ》け、揚げ足を取られぬよう注意せねばならない。以上はまえがきである。

憲法に「不当に縛られた」と感じなかった理由

日本再生の処方箋は国を愛し、かつ世界を愛する人を育て、地球社会の中で日本が名誉ある地位を保全することにある。問題はその何をどのように愛するかだ。

日本再生の出発点は戦後レジームからの脱却に相違ない。しかしこれとてもなるべく世界の多くの人の理解を得て実現せねばならない。世論調査では国民多数は自衛隊の存在を肯定している。これは憲法上の文言通り日本が戦力的に丸腰のままであってよいとは世間が思わなくなっているからで、日本人は、日本が武力を持つことから生じる危険性よりも、日本が武力を持たなければ相手につけこまれるという危険性により大きな危惧《きぐ》の念を抱き始めた。今の日本では内村鑑三・矢内原忠雄流の非戦論者が信用を博しているとは思えない。日本にはほかにも絶対的平和主義を奉ずる団体はあるが、失礼ながらカルト集団の要素が強い人々ではなかろうか。

日本の戦後レジームを特徴づけるものは、よかれあしかれ、一九四六年憲法である。「諸国民の公正と信義に信頼して」という美辞のもと、日本は昭和二十一年十一月三日公布の憲法によって防衛力を放棄させられた。それればかりではない。武力を持つことが疚《やま》しいことのように教育されてきた。戦後民主主義世代の寵児《ちょうじ》であった大江健三郎氏は女子大生に向って「自衛隊員と結婚するな」という檄《げき》を飛ばして喝采を博した。東京大学が防衛大学校出身者の大学院入学を認めなかった時期もあった。世間に反戦気分が強かったとき左翼の教授たちは学内政治を支配した。自衛隊ナンバーの車で自衛隊関係者が面会に来たために衛藤瀋吉教授が活動家学生たちに取り囲まれたが、ほかの教授はその騒ぎを見て見ぬふりをした、というか衛藤教授の悪口を言ったのは一九六〇年代の後半である。

二〇〇六年、防衛大学校で小泉純一郎首相、防衛庁長官に引き続き私は第五十回卒業式に来賓代表として祝辞を述べた。そのとき首相に「日本のほかの大学の卒業式に行かれたことがありますか」とうかがうと「ない」との返事であった。防衛大学校はそれだけ大切な教育機関である。それにもかかわらず、その文官教授になることすらためらう人も出たほど日本には軍隊アレルギーが強かった。これは何を意味するか。米国によって敗戦国に押し付けられた憲法であるが、多数の日本国民は軍備の放棄を決められたことを必ずしも不当と感じなかったのではあるまいか。

戦後体制によって日本は不当に拘束されてきたと国民の多数がなぜ必ずしも感じてこなかったのか。

第一に、満州事変以来の軍部の独走に対して日本人が非常な不信を抱いたことが軍事力による国際問題の解決の放棄という新憲法の理念の歓迎となったのであろう。

第二に、アメリカ軍の占領時代、日本は戦争中と同じような言論統制下にあった。戦前の日本の内務省の伏字の検閲よりもはるかに狡猾で悪質な、検閲をしたことの痕跡すら残さない、占領軍当局の情報操作もあった。それもあって日本の大多数の国民は新憲法は自分たちの憲法だと感じたのだろう。新憲法を歓迎した日本人が多かったことは憲法発布の時期に生まれた男子に「憲一」という名前が多いことからもわかる。「検閲は、これをしてはならない」と第二十一条に明記された憲法を、一九四六年、アメリカ占領軍は公布させた。しかし総司令部はひそかに検閲官を動員し、私信を開封して日本人のこの憲法への反応をチェックしていた。問題はこうしたダブル・スタンダードで日本占領に成功したという事実が米国本土ではほとんど知られていないことだろう。

そのような戦後レジームを日本側が進んで受け入れた、日本民衆は「敗北を抱きしめた」という事態が生じたのは、心理学者岸田秀氏の言い方を借りれば、甘言をもって処女を奪われた女が強姦されたという事態を認めたくないために和姦だった、自分から男を抱きしめたと言い張っているようにも思える。しかし私は米軍占領下の情報操作の不当不正を、独立回復後六十年以上も経つ日本がいまなお言い立てるのはおかしいと思う。これはあくまで私たちの問題であって、たとえ改正が難しい硬性憲法であるとはいえ、日本人がなぜ憲法を自分たちの手で破棄ないしは改正しようとしなかったかという自分自身の問題として論ずべきである。では日本が独立した後も憲法改正に進まなかったのはなぜか。

日本の上層部は新憲法が占領軍によって押し付けられたことは承知していた。現在の東大教養学部に相当する旧制の一高で、一九四八年、全員が講堂に集められ憲法制定に関係した法学者の特別講演が行なわれた。一九四六年、法学者が呼び出されて行くと憲法草案とその英訳を見せられ意見を求められた。「ところがある条は日本語原文がないのにその英訳なるものはすでにありました」。そう聞かされて学生はどっと笑ったが、法学者の発言の狙いは「この新憲法なるものは、実際は日本人が起草したのではなく占領軍が原文を日本側に押し付けたのだ」という真実をそれとなく伝えるためでもあったろう。

しかし、憲法制定過程の不当を承知する政治家も、学生をはじめとする知識層も、このような憲法と、それとうらはらに結ばれた日米安保条約という米国の占領体制を継続させる拘束を敗戦国としてやむを得ぬものとして甘受してきた。朝鮮戦争が勃発したこともあり、日本の防衛は米国に依存するという他力本願に私たちはいつしか安住してきた。というか日本は国際社会では主役の役割を演ずる能力に不足すると感じた吉田茂首相以下の指導層とともに、国民多数もむしろその依存的な同盟関係を良しとしてきたように思われる。

島国の目出度さ——絶対不敗と絶対平和

日本が長い平和を享受できたのは、隣国と陸続きの国境をもたない島国という地理的事実と関係する。私の少年時代、お国自慢は「日本は外国に敗れたことはない」という日本人の武勇を信ずる気持だった。その絶対不敗神話を信じて、世界を敵にまわして戦おうとした陸海軍の青年将校が出てきたについては、戦前の軍の学校の教育が誤っていたと考えざるを得ない。絶対不敗を確信したものだから、負けた場合は日本がどうなるか、などとは考えもしなかった。かりにもせよ敗北を想定することは皇国不滅を信ずる者として不忠不義である、良からぬことである、と禁忌にふれるように思っていた。東条英機は真面目人間の学校秀才だったから、日本にも敗戦という可能性はあるということを正面から考えることが出来なかったのではないか。少なくとも日本の有力者たちとそのような可能性について公然と議論はしなかった。

わが国が武士階級によって長く統治されたのは歴史的事実で、その旧士族出身者たちが指揮官として活躍したからこそ日清・日露の戦争に勝利できたことは疑いない。しかし日本がかつて異民族に征服されなかったのは、尚武の伝統があったからというより周囲を海で囲まれていたという地理的事実に由来する。それが幸いした。英仏海峡は泳いで横断する人も出るが、対馬海峡を泳いで横断することはできない。

しかしその地理的安全性は、今や交通手段・武器運搬手段の急激な発展によって失われつつある。ところがそうした時代になっても日本の絶対平和を主観的に確信する人たちは、日本が外敵に侵入される可能性があることを正面から考えることが出来ない人たちなのではないか。霊魂不滅を信ずる信者だからといって、日本不滅を保証もないのに主張してもらっては困る。日本が人民解放軍に占領された場合はどうなるか、という場合を想定すること自体が良からぬことのように思っているのだとしたら、お人好しで、無責任といわざるを得ない。

戦前の日本の絶対不敗の信念と、戦後の日本の絶対平和の信仰は、一つの同じコインの表裏なのではないか。

私たちが自衛隊というかなり優秀な軍隊を実質的に保有するのは、憲法の文言を忠実に尊重していないからに他ならない。だが、日本国民はそのような軍事力の存在を一方では容認しつつ、しかも憲法は改定せずにそのままにしておいてよいと考える人が多い。このような現実糊《こ》塗《と》を続ければ将来は次のような可能性もあり得る。今後局地で軍事衝突が生じ、出先の自衛隊指揮官が、攻撃を受けた同盟国軍の援助を行なった際、それがたとえ現行法規を破る集団的自衛権行使にあたる行為に出たとしても、世論はその指揮官の行動を必ずや是として支持するであろう。政府も法律解釈を変更してその措置を追認するかもしれない。しかしこれは法治国家としてはきわめて忌々《ゆゆ》しき事態である。そのような危険な可能性があることを念頭に、ここでは思い切った二者択一を国民に求めるべきである。すなわち「現行憲法は改正しない。その絶対的平和主義の理念を尊重し、軍隊機能のある自衛隊は廃止する」というA案と「現行憲法は改正し、軍隊機能のある現在の自衛隊は国防軍と改名してそのまま存続させる」というB案の二つに一つを国民に選ばせるべきではないか。少なくともそのような二者択一形式で世論調査を繰返すべきだ。そしてこのような明確な二者択一を日本が国民に求めることは世界の多数国に日本の憲法改正の正当性を了承させることともなるだろう。

日本人がなぜ大胆な自己変革に動き出さないのか。それは第一に、かなり多くの日本人は日本の現状を転換せねばならぬほど悪いと感じていないからである。高齢化しつつある日本は保守的傾向を強め、現状維持的になる。そして第二に、「脱却」はポジティヴで建設的な提案でなく、そのスローガンの具体的内容が必ずしもはっきりせず、様々に解釈し得るからである。

脱却とは何を意味するのか。マッカーサー憲法の改正か。自衛隊の国防軍への変更か。皇室の安定した将来のための皇室典範の改正か。『教育勅語』の復活か。――そうした戦後レジームからの脱却後の将来像の不透明性も手伝って、安倍提言を目して「日本の右傾化」と評する向きがある。一部大新聞はいまや惰性的左翼と化し、韓国、中国、また西洋の一部左翼メディアと連動して「戦後レジームからの脱却」に疑義を呈している。しかし私は責任ある言論機関に問いたい。日本は現状維持のままで良いのか、と。そしてまた同時に「戦後レジームからの脱却」を主張する人にも問いたい。「戦後レジームからの脱却」は結構だが、それが「戦前への復帰」であって良いのか、と。私はそうあってはならないと考える。「勝者の裁判」は斥けるべきだが、東京裁判史観の否定が戦前の軍部の行動の是認となってはならない。その違いを正確な英語で海外へ向け繰返し発信する必要がある。また国内へ向けても明確に説明する必要がある（註1）。

（註1）私はかつて談話を発表した村山富市氏、とくに河野洋平氏の政治的叡智を疑う者だが、しかしだからといって日本の当局者は軽々に「戦後レジームからの脱却」の一環として「村山談話」「河野談話」の否定を海外に向けて言うべきではない。脱却した先に何を目指すか、そのポジティヴな内容を示すことが先決だからである。そもそも日本国内で村山氏に自己の談話を否定させることは難しい。また河野氏本人に自己の談話の非を認めさせることができないでいながら、海外に向けて別の談話を発表しても効果はない。というか逆効果であろう。河野洋平氏か河野太郎氏がその談話を基に一部諸外国が行なっている歴史を歪めた解釈や為にするプロパガンダは自分たちの真意ではない、という談話を発表することの方が先決だろう。それとも韓国の愛国派が親日派の子孫に先祖の墓をあばくことを要求して実行させたように、日本の極端な愛国派は日本の名誉をいちじるしく傷つけた河野洋平の墓をあばくことを子孫に要求するようになるのだろうか。

敗北的平和主義から積極的平和主義へ

「自由」と「民主主義」を尊重する日本を内外に向け繰返し主張することは大事だが、それをより実感的に世界の人々に具体例によって知らせることが大切だ。

外国の例を挙げる。戦争に懲りた日本国民は敗戦後、永世中立国となることを望み、東洋におけるスイスを夢見た。そのように平和を希求することは結構で、私も平和主義を奉じたく思う。スイスは近年こそマネー・ローンダリングなど財産秘匿に手を貸して著しく評判を落としたが、第二次世界大戦中は自由主義諸国の尊敬をかちえた。なぜか。それは小国スイスがドイツの隣国でありながら反ナチスの亡命者を受入れ彼らを保護し、ドイツ側の圧力に屈せず、毅然として積極的武装中立を貫いたからである。国民皆兵のスイスは外敵の侵入があれば国をあげて戦う意志を示したから、ナチス・ドイツは軍事強国ではあったが、スイスを敵にまわして戦うことは利益なしと判断し、攻撃を控えたのである。

私は平和主義をいうならこのような積極的平和主義を奉じたい。そのような政治的原理と政治的叡智を国民へ浸透させ、敗北主義的平和主義を払拭《ふっしょく》し、日本人としての誇りを抱かせることこそが、広い意味での教育の再生ではないだろうか。日本を愛することが、排他的に日本を良しとするのではなく、世界を愛することに通じることを内外に示さなければならない。一国主義的愛国主義だけでは不十分である。

日本は暮らしやすい国だからといって、若者が自閉的に中に閉じこもってはならない。教育的に考えてこれからの日本の若者に外国人の友人ができやすい学校環境や社交の場を創りたい。日本の受験体制に合わせることを優先するあまり、ニューヨークで勤務する日本人が子女を日本人経営の塾に通わせ、帰国後のセンター試験に備えて死んだ英語の勉強をさせる図は滑稽である。日本の教育は日本だけでなく世界にも共通して世界を益するという視点が大切だ。閉鎖的で排他的な教育体系を精緻に作り上げて何になる。センター試験の成績もさりながら、外国の子供と生きた外国語で遊ぶ方が大切だ。

半沢直樹のドラマでは日本人は「出向」の語に怯えている。それは主流は海外や地方に出向しない人間によって構成されることが暗黙の前提になっていればこそだろう。今後はキャリヤーの主流が国外への長期「出向」体験者であるような官庁・企業へと方針転換をはかるべきではないか。優秀な外国人や異質の体験のある分子が加わることで省庁間・職業間・国際間での横断的な交流が活性化することほど結構なことはない。ただし意図的に反日分子を自衛隊・マスコミ・官庁に送り込もうとする動きもあるようだから、そうした分子を排除できる仕組みも必要だ。

人間はいい国であればその外国へ移り住みたくなる。そのような社会的観点から日中関係を価値観的にどう認識するべきだろうか。二十一世紀にはいり中国富裕層は海外の不動産を買うなど資産を海外に移す動きが活発化した。中国人で日本に帰化する人は動機は様々だが、年に四千人ほどである。「留日反日」——日本に留学すれば反日になるという説を例の左翼マスコミは流したが、実相は逆らしい（註2）。帰化した中国人が日本に信頼感を抱く理由は「日本の民主主義制度の完備」がもっとも多く、次は「公務員の責任感が強く真面目」「日本人は法律と約束をきちんと守る」であるという。こんなに日本を評価してよいのか、と驚かされるが、帰化した人はそれだけ現在の大陸中国に批判的なのだろう。その人たちがこの国で働いて努力すれば報われる環境を整備したい。そうした人々を日本が公平に受入れ保護することが日本の価値観外交のあらわれである。そのことをこれから先は公然と述べるべきではなかろうか。従来の政府は事態を荒立てることを惧《おそ》れ、共産圏から亡命を希望する者が出たときは、彼や彼女を日本には亡命させず、本国に強制送還するような非人道的な真似はしないが、それでも日本からは出ていただいて第三国に行くよう手配し、米国などに受入れ方を要請してきた。しかしこれから先は政治亡命者が日本でも住めるよう受入れ態勢を整えてはどうか。戦後の擬似日中友好の固定観念からの脱却も考える必要がある。

（註2）張石ほか『相互理解としての日本研究』、法政大学国際日本学研究センター。

中国との政治体制の違いを説け

日本は一国主義的愛国主義への回帰は説くべきではない。またアジア主義も言い立てるべきでもない。いまの日本は中国人の留学生も観光客もビジネスマンも歓迎するが、しかし中国との政治体制の相違を明言することは必要であり、政治的には「和して同ぜず」を基本とすべきである。小沢某のごとき朝貢外交的な卑屈な態度はとるべきではない。先方が謝罪をしつこく求めるならば、麻生副首相などが北京へ行き、要人と会談する折にテレビの前で、改革開放以来の中国の資本主義経済の発展を讃え、ついで日本の過去の過ちについて謝罪するがいい。その際たとえば「日本は過去においてマルクスを日本語訳からの重訳で中国に伝えて共産主義が人類の理想であるかのごとき間違った夢を与え、多大のご迷惑を中国人民におかけした」などと詫びるのはいかがだろうか。もっとも迂闊《うかつ》にそのような謝罪をすると、それを口実に天文学的な数字の弁償金の請求がなされるやもしれないから、その被害総額の計算は慎重にお願いしたい。

これはユーモア方式のアプローチだが、先方が非礼なことを言いつのるようであれば、列国代表が居並ぶ席で、人口の一パーセントの支配層が中国的特色の民主を実行して以権換銭yǐquánhuànqián（この言葉を中国語で四声を正確に発音することが大切である）、富の四〇パーセントを占めるような国がはたして社会正義を実現している大国と言えるだろうか、と直接方式でずばりと問うのはいかがだろうか。国際広報活動は大切である。

私は東アジア諸国の中で日本のように言論の自由が認められている国に生を享《う》けたことを例外的な幸福と感じている。多くの留学生や各国の訪問教授とつきあい、私自身が東アジア諸国の大学で講義や講演をした体験ゆえかもしれない。私はこの類まれな幸福を誇りに思い、言論の自由を尊ぶ者として、その事実を率直に公言することを憚《はばか》らない。大学を定年で去る時も教授会で私はそのような挨拶を述べた。

ここで従来の日中友好の滑稽な一面にふれたい。日本の魯迅讃仰者には「良心的」な人が多かった。『藤野先生』によると、留学生魯迅は仙台で医学専門学校の先生の勧めで最初の下宿から別の家に移った。好意もだしがたく引っ越したら「お蔭で喉へ通らぬ芋がらの汁を毎日吸わせられた」（竹内好訳）。仙台の日中友好人士は、そのような食事を出してまことに相済まぬことをした、と中国側に謝罪の意を表明したが、私見では、これは魯迅が愛読した漱石に触発された文章である。「坊つちやん」はうらなり先生の善意の周旋で「いか銀」から萩野家へ引っ越した。「ここは叮寧で、親切で、しかも上品だが、惜しい事に食い物がまずい。昨日も芋、一昨日も芋で今夜も芋である」。さてそう書いてあるが、漱石が下宿した松山の豪商米九の番頭上野義方で毎日毎晩芋責めにあったかどうかは実はわからない。しかし漱石の書きぶりが面白いから、魯迅は藤野先生の善意で別の家に引っ越して「お蔭で喉へ通らぬ芋がらの汁を毎日吸わせられた」という風に書いたまでだろう。

魯迅としては最初の下宿は食事は悪くなかったが、場所が監獄の近くで、先生が「この宿屋が囚人の賄いを請負っているので、そこに下宿しているのは適当でない」といってしきりに勧告した。魯迅は「宿屋が囚人の賄いを兼業するのは私に関係のないことだと思ったが」と奇妙なまでに道徳主義的な理由で引っ越しをすすめた日本人の先生をおだやかに揶揄した。その滑稽を強調するために魯迅は新しい下宿では芋がら責めにあったと書いたのだろう。宮川信哉方で本当に毎日芋がらの汁を出したかどうかは実はわからない。しかしその引っ越しを強いたのは宮川と縁のある藤野先生その人だ、などと非難めいた批判をする人も仙台にはいた。

明治日本の躍進をアジアはどう見たか

こんな倫理主義的批判は私にはコミカルだが、実はこんなタブーのある不自由な言論空間こそが日本非難を生み出す土壌なのだ。戦後の日中友好運動には日本側に中国批判は言わせないが、中国側に日本を不当に非難する者がいてもそれを咎めることはしない風潮があった。

言論の不自由な中国だが、日本の悪口を言う自由はいくらでもある。日中関係が悪化すると親日派と思われたくないためにも日本人の悪口を言う者が魯迅の身内からも出た。魯迅の子孫には台湾へ亡命した者もいたから、一族は世間の目を怖れる。魯迅の息子周海嬰は二〇〇一年、魯迅は日本人の医者に殺されたと唱えた。

仙台で西洋医学を学んだ魯迅は中国の医学よりも日本の医学を信じた。上海でも日本人の須藤五百三医師にかかっていた。須藤は『魯迅日記』に百六十回以上も登場する。死亡前夜にも「電話デ須藤先生ニ頼ンデ下サイ。早速ミテ下サル様ニト」という内山完造宛ての日本語メモも残している。主治医の須藤が魯迅を最後まで診察したが、彼は若い時に日本軍医として北京や台湾で勤務した。するとすぐ次のような論理が組立てられる。日本軍は悪である。よって日本軍医も悪人である。元軍医の須藤が魯迅に対して悪事を働いたに決まっている。魯迅は須藤に殺されたに相違ない。この推理に対して泉彪之助教授が反論を書き、中国人の魯迅研究者もさすがに須藤医師による殺害説は否定した。

ここで明治日本の躍進をアジアの若者はどう見たか、なぜ魯迅らが日本へ留学したか、を考えたい。

私たちは「明治期留学生」といえば明治に西洋へ留学しその知識を活用して日本の国造りに貢献した人たちを思い浮かべる。しかし明治日本のネーション・ビルディングに刺戟されて中国や朝鮮やベトナムから日本へ留学に来た東洋人がいたことはあまり思い浮かべない。日本の明治維新による近代国家建設の成功例が孫文・康有為・金玉均・アギナルド・ファンボイチャウ・ネルー・ボースらにそれぞれの自国で欧米と対等の国を造りたいという夢を抱かせた。そこから中国人・朝鮮人・ベトナム人の明治後半以降の日本留学も始まったのである。外国へ行った日本人の明治期留学生と日本に来た外国人の明治期留学生とどちらが多かったか。ほとんどの人が「日本人留学生の方が多い」と答える。わが国では留学帰りが明治の国造りに貢献したことはそれほど強く印象されている。しかし明治の留学の成果は学生の量ではなく質によって決まった。日本の成功は数少ない留学体験者をキー・ポジションにつけた結果であり、実は西洋へ渡った日本人の「明治期留学生」より中国・韓国・ベトナムなどから来日した「明治期留学生」の方が桁違いに数は多かった。

大多数の日本人は「坂の上の雲」を目指して進んだ明治を肯定的に捉えている。従来の歴史教科書とは違う、生きた言葉で書かれた血の通った歴史を教えるべきであり、入試には教科書にとらわれず出題するべきだろう。『五箇条ノ御誓文』の「知識ヲ世界ニ求メ大ニ皇基ヲ振起スベシ」はいうならば日本のマグナ・カルタであるから、教科書に載せて暗記させるがいい。開国和親の精神は尊皇攘夷の思想よりも大切である（註3）。

『五箇条ノ御誓文』については私は戦争中の昭和十八年に暗記した。戦後忘れていたが昭和二十一年一月一日、昭和天皇の『新日本建設に関する詔書』の冒頭で『五箇条ノ御誓文』が朗読された。「広ク会議ヲ興シ万機公論ニ決スヘシ」「旧来ノ陋習ヲ破リ天地ノ公道ニ基クヘシ」。これを聞いた時これは敗戦後の日本でアメリカ進駐軍が説く民主主義の原理そのものではないか、と感じたことをかすかに覚えている。前に小学生として暗誦していたから、あ、これはデモクラシーの教えだな、と感じ得たのだろう。明治維新以来の日本の近代化の努力、国際主義の方向は正しかったのだ、と子供心に思った。明治の日本人は西洋化すなわち近代化と思って孜々《しし》として努力した。アメリカ占領軍の政策にもそれを引き継ぐ要素があったからこそ昭和の日本人はその路線を引き継ぐことを歓迎したのだと思う。明治の開国の際にも、敗戦後の第二の開国の際にも、平成の現在にも通用する『五箇条ノ御誓文』こそ日本の大憲章である。

一九六五年『朝日新聞』が日本の現代を明治以来百年の連続と見るか、敗戦によって再び書き直された歴史の一時点と見るかという「明治百年と戦後二十年」という問題提起をした。そのような二者択一ができるはずもなく、明治以来の百年が戦争と専制のみであり、戦後が平和と民主主義であるという見方は独断もいいところである。私が明治期留学生を話題としたのは明治日本の躍進が外国の若者からどのように眺められていたかを間接的に立証するためでもある。

では日本はどうして昭和に入って坂の下の泥沼にはまったか。問題は維新の元勲世代が去り、日本の内部に凝集力が失せ、軍部は軍部、政府は政府と勝手に動き出したことに戦前日本の最大の制度疲労があった。しかし大正から昭和にかけての日本には明治憲法を改正して総理大臣に権力を集中させるだけの政治的イニシアチヴは出てきようがなかった。明治憲法を「不磨の大典」などと呼んでしまったからである。憲法改正は必要なのである。

（註3）『教育勅語』の復活より道徳や情操教育には明治天皇や晶子の歌、『論語』の志士仁人の心得を教え、生徒自身に俳句和歌を作らせ、かつ百人一首で遊ばせたりする方がよい。

世界の中の日本

結論する。単細胞的に左翼反対の論を繰返すだけでは日本再生はできない。広く国民全体に受け付けられ、かつ世界に通用する教えから説くべきで、その際、優先順位が大切である。グロバリゼーションが進行するにつれ、その挑戦に対応できる優秀な若者を計画的に養成せねばならない。最上位校のレベルアップが必要だ。教育体系に在来線と異なる新幹線を敷くがいい。地球化が進むにつれ、日本人はアイデンティティーを次第に脅かされる。さらなる開国を余儀なくされ、苛立つ人はふえるだろう。外国に曝《さら》される機会がふえれば自己中心的なナショナリストもふえる。このような心理的反動は現在の中国ほどではないが日本にも認められる。しかし日本と外国世界を対立関係として把握するのは間違いである。

私は日本の過去について「漢文化によって汚染された」と非難する気はない。それと同様、今日の日本について「西洋文明を排除せよ」と主張する気もない。私たちは自己を偉大にしようとする限りは、他の偉大を容るるに吝《やぶさ》かなるはずはない。これからの日本が「ひきこもり」の国であっていいはずがない以上、私は若者が外国人の友人とも親しくつきあえるだけのコミュニカティヴな能力が身につくような家庭や学校での教育を希望している。

その際、外からのいわれのない非難にたいしては外国語でも上手に反論できる、西洋や中国一辺倒でない日本人エリートを養成したい。世界の中の日本を見据えて複眼的思考のできる人材が求められる。日本を知り外国を知り、外国人に対して位負けせず自己主張のできる人、そうした日本語の正論が外国語にも訳され、諸外国の人をも納得させるようにしてもらいたい。正論を説く人が内弁慶の強がりでなく、学問的にも信用できる日本側の主張の発信源になってもらいたいのである（註4）。

親安倍側の支持者には単なる反左翼、戦前回帰の願望者、嫌韓・嫌中、さらには反西洋のナショナリストもまじっている。その種の人たちからもしポジティヴな未来志向の提案が聞かれないとすれば、その辺が残念である。また反安倍側の人々からも日本再生の処方箋について建設的で具体的な提案をうかがいたいものである。

（註4）しかし口下手でもメッセージの発信はできる。戦後の日本は言葉ではなくむしろ物によって外国に向けて発信してきた。私が初めて西洋へ行った戦後まもないころ、made in Japan は「安かろう、悪かろう」の代名詞になっており「第二次世界大戦前、マルセーユの港で日本製の安物時計がバケツ一杯いくらで売られていた」と聞かされた。「乗用車も造れない国がアメリカと戦争するなんて」といわれたが、私は心中で「乗用車は造らなかったが零戦を造ったぞ」と反論していた。戦前の日本の輸出品は自転車で、一九七〇年は西洋へオートバイ、ついで自動車が輸出されるようになった。デトロイトで日本製自動車をハンマーで叩き潰す反日運動が起ったが、間接的にはあれが made in Japan の宣伝になった。

中国の富裕層に日本の良さをアッピールする最良の手段は安全な日本産の食物だろう。命にかかわることについては人間は外国にも助けを求める。反日運動で憤青《フェンチン》や貧困層が日系の百貨店に放火して憂さ晴らしをする。すると安全性の高い食料品が買えなくなる、大変だ、と中国人の上流・中流の人が内心で思い、中国側で自制心が働くような環境が整うことが一番いいが、しかしそうは問屋が卸さないところが日中問題の難しさに相違ない。

■断ち切られた親子の絆を見つめよう

明星大学教授
高橋史朗

■たかはし しろう

昭和二十五(一九五〇)年、兵庫県生まれ。早稲田大学大学院修了。臨時教育審議会専門委員、埼玉県教育委員会委員長など歴任。師範塾会長、親学推進協会会長などを務める。明星大学教授。『親が育てば子供は育つ』『脳科学から見た日本の伝統的子育て』『歴史の喪失』『教科書検定』『親学Q＆A』など著書多数。

なぜ今「親学」なのか

国家基本問題研究所の櫻井よしこ理事長より「親学」を中心に「教育問題プロジェクト」を立ち上げてほしいとの依頼を受け、国基研の理事に就任した。企画委員会で議論を重ねた結果、「親学研究会」と「対日占領政策研究会」を二本柱として、毎月各一回開催することになった。一年間の研究成果は「国基研論叢」として刊行する予定である。

「親学研究会」は親子の絆、親心（親が子を思う心）と孝心（子が親を思う心）を深め、「親になるための学び」と「親としての学び」の在り方について研究している。従来の少子化対策としての子育て支援を根本的に見直し、親子が向き合って「家族の絆」を深めるという視点から、「個」を中心にした視点に陥りがちな男女共同参画の在り方についても抜本的に見直す提言をまとめる予定である。

本稿では、この親学提言をまとめるにあたっての基本的な問題意識について述べたい。

今、なぜ「親学」なのか。それは時代と環境の変化に伴い、親心が衰退し、親の保護能力が低下し、子供の「心のコップ」が下を向き、基本的な生活習慣（睡眠や食生活など）の乱れによる「脳内汚染」が進んでいるからである。

日本青少年研究所の調査（平成二十三年）によれば、「自分はダメな人間だと思う」高校生は、中国一三％、韓国四五％、アメリカ二二％、日本六六％、「私は自分に満足している」高校生は、中国二二%、韓国一五%、アメリカ四二%、日本四%で、A市の小中学生調査(平成二十一年)によれば、「抑うつ」調査で危険地帯にいる小学校六年生が一四・四%、中学生が一七・八%、B市の同調査(平成十八年)によれば、「よく眠れない」と訴える男子が二七%、女子が二三%、「生きていても仕方がない」と思う男子が一三%、女子が九%を占めている。

また、近年発達障害と非行や不登校、児童虐待との密接な関係が明らかになっているが、そうした二次障害の背景には「伝統的な家族の崩壊」「親性の解体」「親心の衰退」という根本的な問題がある。

アメリカでは、児童虐待のデータが全国規模で明らかになった一九七六年に六十万件と報告された件数は、一九八九年には二百四十万件に急増した。十三年間で実に四倍に増えたのである。マリー・ウィンが一九八一年に書いた『子ども時代を失った子どもたち』によれば、このアメリカの児童虐待の背景には「子育ても大切な義務と考え、子供のために犠牲になる親はいなくなった」という問題があるという。このような「家族の崩壊」に基づく親の保護能力の低下によって、〝保護の概念〟が崩壊した結果、「子供の自律権」という「子供の権利」が主張されるようになったのである。

「法は人間関係を破壊することはできる。だが、強制によって人間関係を形成することはできない」とアメリカの児童福祉法研究家は指摘したが、この言葉は子供の「最善の利益」すなわち、幸福の実現は、権利や法、制度以前の親子の関係（人間関係）の形成と回復にかかわっていることを示唆している。

ミシガン大学の「世界価値観調査」によれば、「親が子の犠牲になるのはやむなし」と答えた親の世界平均は七二・六％に対して、日本の親は三八・五％で、七十三カ国中七十二番目の少なさであった。このことはアメリカで表面化した親心の衰退、親性崩壊が日本でも世界最悪の規模で蔓延していることを示している。わが国がアメリカの二の舞にならないためにも、子供の「最善の利益」を保障するために親子関係のぬくもりの回復が急務であることを忘れてはならない。

発達障害・いじめ対策の鍵も家庭にあり

近年、発達障害に似た症状の「気になる子」が急増し、彼らが原因で授業進行などが困難となる「新型学級崩壊」が全国に広がっているが、後天的な環境要因や生育要因が関与する発達障害の二次障害は、早期発見、早期支援、療育によって予防し、改善できる。いじめや児童虐待も同様に、予防し未然に防止することができる。

親学（「親になるための学び」と「親としての学び」）が時代の要請となってきたのは、こうした問題への対策として、親子関係をベースにした「対症療法から予防への転換」が求められているからである。

発達障害児・者支援の先進県である埼玉県では、縦割り行政を廃して、福祉部、保健医療部、教育局、総務部、病院局で構成する子供の発達支援プロジェクトチームを発足させ、保育、教育、医療、福祉の専門家のヒアリングを通じて次の四段階の予防・支援策について検討し、平成二十三年度から約二億円の予算で三年間（合計六億円）取り組んでいる。

〈第一段階〉「発達に課題のある子供の予防」

母子保健手帳交付時から三歳までの保護者に対して、情緒の発達を促す子育て、日本の伝統的な子育ての普及

〈第二段階〉「発達障害児の早期発見」

一歳半、三歳児の検診時に、発達障害が疑われる子供をもれなく把握し、支援につなげる仕組み。育児のうまくいかない子供を持つ親への支援

〈第三段階〉「発達障害児への早期支援」

発達障害児を支援する診断から療育まで（診療、医療的訓練、福祉的訓練、日常生活支援）の充実・強化

〈第四段階〉「発達に課題のある子供・発達障害児に対する教育支援」

特別な教育的支援を必要とする児童生徒に対する支援の強化。就学前（幼稚園・保育園）からの継続した支援の強化

これらを検討した結果、具体的には、①啓発の推進②人材の育成③親支援④中核発達支援セ

ンターの整備を四本柱として、①としては、保育所、幼稚園、子育て支援センター向けに、早期発見・支援のためのテキストを作成・配布、親向けには障害特性を理解し接し方を学ぶ冊子の作成・配布とセミナーの開催、県民向けに乳幼児健診時（一歳六カ月）に「ほめ方のコツ」を教える冊子の作成・配布、②としては、「発達支援マネジャー・サポーター」を市町村と保育所、幼稚園、子育て支援センターで育成、③としては、伝統的な子育てを学ぶ講座の開催、子育て支援センター、保育所・幼稚園の巡回支援などを実施した。

特に巡回事業を核とする「親支援」事業の成果は顕著であり、全国に広げる必要がある。平成二十四年度の発達支援事業調査（保育園・幼稚園）によれば、「言葉がでるようになった」「みんなと行動ができるようになった」「乱暴な行動が治まり、クラス全体が落ち着いた」等、「子供の行動に変化があった」が六七・九%、「子供の状態を受け入れ、専門機関に通うようになった」「感謝の言葉や笑顔がでるようになった」等、「保護者の行動に変化がみられた」が八四・七%であった。

わが国が「児童虐待大国」アメリカの二の舞にならないためには、埼玉県の発達支援プロジェクトのように、虐待に関する知識の普及等の啓発活動や「親になるための学習」「親としての学習」等の子育て支援活動を中心とした「第一次予防」▽保育所、幼稚園、子育て支援センターなどによる児童虐待の「早期発見」を推進する「第二次予防」▽早期に対応、支援する「第三次予防」▽児童相談所、児童養護施設、病院などの施設処遇あるいは治療的なかかわりによって「再発を予防」する「第四次予防」——に取り組み、「発生・進行・再発・連鎖（虐待を受けた子が親になったときに我が子を虐待する）」の四つの予防に全力を尽くす必要があろう。

いじめの根を取り除くために

いじめの予防（未然防止）についても同様である。いじめの実態調査によれば、「親にも教師にも誰にも相談しない」小中学生は埼玉県で三九％（平成十九年）、東京都で四五％（平成二十五年）を占めており、学年が進むにつれて相談しない子供が増えている。

かつて臨教審は、いじめ問題プロジェクトチームの中間報告に「いじめっ子は三歳児で発見できる」と明記したが、文部科学省の徳育に関する懇談会の報告書によれば、共感性、恥、罪悪感が育つのは二歳の終わり頃、善悪が分かるのは三歳の初め頃（ハーバード大学の発達心理学者・カガンの学説）であるという。

いじめの根っこにあるのは、共感性や罪悪感、善悪の価値規範の欠如や自制心（自己制御能力）の欠如である。カリフォルニア大学ロサンゼルス校の共同研究によって、自制心の中枢は大脳新皮質（前頭連合野）の眼窩前頭皮質にあり、その臨界期（発達のタイミング）は三歳であるという。ならば、子が三歳以下の段階で親がどうかかわるかが、いじめを予防するための最重要課題であり、臨界期や発達段階に応じたかかわり方についての親の学習を全国に広げる必要がある。

筆者は平成二十四年十月と十一月、自民党の教育改革実行本部の勉強会でいじめ問題について提言させていただき、いじめ防止対策推進法の制定と予防（未然防止）のための家庭教育支援が二大課題であり、「日本の教育は根が枯れ、幹が腐りかけている」現状を考えると、「未来への投資」という観点から予防に全力を挙げる必要があることを強調し、要請に応じて馳浩座長に法律案を提出させていただき、その後、一気に法律化は実現したが、肝心の家庭教育支援の方はなおざりにされ、一年以上を経た今も放置されたままである。

政府の教育再生実行会議の委員である作家の曽野綾子氏も同様の懸念を抱かれているようである。同会議に提出された同氏の提言では、「最初に配布されました資料を読みましたが、私は次の三点をご討議いただきたいと感じました」として、「第一は、苛め問題を、制度の改革によって改革または軽減できると見る姿勢です。それではとうてい根本的な解決には到達できない…本質的に問題解決に向かって歩み出すには、もっと深い人間性への迫り方が必要です」と指摘されている。

さらに、「第二は、苛められる側を救うための制度をいくら作っても、それもまたこの問題の解決にはならないだろうということです。…第三には、そもそも人間教育は誰が何によって行うのか、という根本の点にも触れないと、やはり解決の道にはいたらないでしょう。……今まで欠けていた教育の本来の責任者は誰かという視点にまで到達して、苛め問題の根を取り除く方向に向かっていただきたいと願っています」と述べておられる。

家庭教育の再生こそ日本の再生

教育再生実行会議では、臨教審、教育改革国民会議と教育再生会議で一貫して論議が積み重ねられてきた家庭教育問題が不問に付され、この今日の教育に対する最も本質的な問題提起が真正面から取り上げられた形跡はまったくない。

中曽根政権下の臨時教育審議会、小渕政権下の教育改革国民会議で中心的な役割を果たした曽野さんだけに、「笛吹けど、童踊らず」の教育再生実行会議にどんなに失望しておられるか、察するに余りある。

臨時教育審議会は昭和六十二年四月の最終答申に「親となるための学習」を盛り込み、教育改革国民会議は平成十二年の報告書において、親は「人生で最初の教師」「国及び地方公共団体は…すべての親に対する子育ての講座…など、家庭教育支援のための機能を充実する」と明記した。同報告書の前文を執筆された曽野さんの「教育という川の流れの最初の水源の清冽な一滴となりうるのは家庭教育である」という名文はあまりにも有名である。

「教育という川の流れの最初の水源」である家庭教育の再生なくして教育の再生、日本の再生はありえないという危機意識が現在の教育再生実行会議には欠落している。

教育委員会などの制度を改革しても教育は再生できない。筆者は三十年前、臨時教育審議会の専門委員として三年近く、毎週三時間の議論や合宿集中審議を経て、子供を育む「人」を育てなければ教育は再生できないと確信した。

そして、不登校や高校中退、非行などの少年が立ち直っている生野学園、神出学園、北星学園余市高校、日本文理大学付属高校、北海道家庭学校、仏教慈徳学園や全国の教護院（児童自立支援施設）、フリースクールを訪れ、他の教師の模範となり、育てる力のある教師を育成するために「師範塾」を設立して、東京、埼玉、大阪、福岡で十年以上指導してきたが、「学級崩壊」問題で教え子が相次いで退職するという新たな事態に直面し、親教育の必要性を痛感し、「親学の推進」に着手した。

超党派「親学推進議連」の復活を

その一つが、平成二十四年四月十日に設立された超党派の国会議員でつくる親学推進議員連盟である。設立趣意書によれば、議連設立の目的は次の通りである。

「かつて国や行政は家庭に介入してはいけないとされてきた。しかし、子供の『育ち』が著しく損なわれている今日、子供の健全な成長と発達を保障するという観点に立脚して、教育基本法第十条が求めている施策の実現が国及び地方公共団体の急務といえる。親学は…子供と親の『発達を保障』し、親子が『共に育つ』ことを目指すものである。

子供の発達段階に応じたかかわり方についての科学的根拠に基づく知見や情報、日本の伝統的な子育ての知恵を伝えるとともに、親が子を想う子守唄と子が親を想う親守詩などを通して親心と孝心、親子の絆を深め、家庭、地域、学校、企業、行政が一体となって、社会総がかりで家庭教育を支援していく必要がある。

他に責任を転嫁しないで、自分が変わる（主体変容）ことによって大災害などの国家的危機を乗り越えてきた、日本人の精神的伝統を親学として蘇らせ、危機に瀕する日本の教育を再生していきたい。

このような時代の要請に応えるため、党派を超えた親学推進議員連盟を結成する」

親学推進議員連盟の課題は、①家庭教育推進に関する立法を議員提言により行うこと、②家庭、地域、学校、企業、行政が一体となった国民運動の推進、の二つである。設立総会では、①を実現するための役員分担が決められ、②については、冒頭の下村博文事務局長の挨拶において、「国民運動として、家庭教育のありとあらゆる形で、既に活動しているNPOや各団体に対しても、あるいは地方公共団体に対しても、国がバックアップする施策は何かということについて、この超党派の議員連盟で取り組んでいく」ことが確認された。

同議連の勉強会は平成二十四年に五回、公開形式で開催され、世話人会で「家庭教育推進法」の中身について審議する予定であったが、衆議院選挙で自民党が圧勝し、安倍晋三会長が総理、下村博文事務局長が文部科学大臣に就任し、後任の役員人事が行われないまま一年を過ぎ、活動は休止状態という異常事態が続いている。

一刻も早く後任の役員を決定し、「家庭教育推進法」を制定し、同法に基づく「家庭教育推進基本計画」を立案し、家庭教育推進に必要な財政上の措置を講ずる必要がある。議員立法は多数あるが、官僚による寝技で骨抜きにさせないためには、これまでの家庭教育支援策のどこを変えるかを明確にし、具体的に予算化する必要があるからだ。

そして、国を挙げた男女共同参画施策と同様に、家庭、地域、学校、企業、行政が一体となった社会総がかりのシステムを確立するとともに、親子の絆を核とした「日本の心」を再生していく草の根の意識改革、国民運動を展開する必要がある。

具体的には、改正教育基本法第十条の実現を目指すことが最も重要である。同条一項は親(保護者)に教育の第一義的責任があり、「子供の発達を保障」する努力義務があることを明確にしている。

二項は国及び地方公共団体の努力義務を明記しているが、「保護者に対する学習」で最も重要なのは、発達段階に応じたかかわり方についての学習、子育てについての科学的知見に基づく情報である。

さらに、第二条(教育の目標)、第十一条(幼児期の教育)及び第十三条(学校、家庭及び地域住民等の相互連携協力)を「親になるための学び」「親としての学び」として具体化することも今後の課題の一つである。

地方公共団体は同趣旨の条例を制定し、基本計画を策定して、都道府県の責務、市町村との連携、保護者・学校の役割、地域活動団体（ＰＴＡ、自治会、子ども会、地域婦人会、その他の地域で活動する団体）・事業者の役割、財政上の措置について明記する必要があろう。

そして、具体的施策としては、子育ての科学的知見・情報提供体制の整備、子育てに関する相談体制の整備・充実、県民の意識啓発・広報などに取り組む必要があろう。これらについては条例に明記し、年に一度、議会への報告を義務づけるべきである。

バランスのとれた「自立」のために

教育改革には「三つの目」すなわち、時代の潮の流れを的確に捉える「魚の目」、高い所から広い視野に立って全体を見渡す「鳥の目」、現場の目線で地べたをはって身近な細部を見る「虫の目」が求められる。

「魚の目」から日本の教育改革の動向を見ると、教育基本法改正後の国の「教育振興基本計画」は、ＯＥＣＤ（経済協力開発機構）の「主要能力」やユネスコの「持続発展教育」（ＥＳＤ）など、国民が生涯を通じて一貫した理念で学習できるよう、「縦」の接続を図り、発達段階に応じて、「自立の基礎」を育てる必要があると強調している。

また、改正教育基本法の理念に基づく三つの人間像として、「自立した人間」「我が国の伝統と文化を基盤として国際社会を生きる日本人の育成」「国民の育成」を掲げ、「文化力」が国の力と指摘している。

「自立の基礎」となるのは、「人間力」の中核である「対人関係能力」と「自己制御能力」である。前者は家庭における愛着という母性的な「慈愛」、親との一体感に基づく共感性をもとに育成され、後者は愛着からの分離という父性的な「義愛」によって育まれる。そして、前者と後者のバランスをとれるようになることが「自立」に他ならない。ここでも家庭や親子がキーワードなのである。

近年の虐待や発達障害（二次障害）の急増も、このバランスが崩れた結果であり、「虫の目」から見ると、この二つの現代的課題に真正面から取り組むことが求められている。

具体的には「親学推進議員連盟設立趣意書」に明記されている「親守詩などを通して親心と孝心、親子の絆を深める」ことを「日本の心」再生プロジェクトの一つとして位置づけ、茶道、華道、装道、礼法などの日本独自の道の文化とマナー等を通して、「おもてなし」「もったいない」「思いやり」「分かち合い」の「日本の心」を発信する緩やかなネットワーク（協議会）を構築し、国民運動として展開していく必要がある。

平成二十五年、「親の学び、親育ち支援ネットワーク」の代表者会議を積み重ねてきたが、今後は日本家庭教育学会や民間団体との連携を深めながら、全国で展開されている「親学」「親の学び」「親の学習」推進県の行政担当者の連絡会議や首長連絡会議を開催し、文部科学省や厚生労働省、内閣府などとの連携も深め、官民一体の推進体制の確立を目指したい。

子の発達段階に応じたかかわりを教える伝統的子育て

発達段階に応じたかかわり方については、日本の伝統的子育てや子育てにかかわる科学的知見、情報が参考になる。発達段階に応じたかかわり方の基本は、愛着から他律、他律から自律、自律から自立への三段階であり、「しっかり抱いて、下に降ろして、歩かせる」という伝統的子育ての知恵や「乳児はしっかり肌を離すな、幼児は肌を離せ手を離すな、少年は手を離せ目を離すな、青年は目を離せ心を離すな」という「子育て四訓」、「三つ心　六つ躾　九つ言葉　十二文　十五理で末決まる」という江戸時代の格言に学ぶ必要があろう。

ちなみに、教育再生会議は第一次報告（平成十九年一月）において、「教育委員会、自治体および関係機関は、これから親になる全ての人たちや乳幼児期の子供を持つ保護者に、親として必要な『親学』を学ぶ機会を提供する」と明記したが、後に毎日新聞が親学は価値観の押しつけ（強制）等の批判をしたことが契機となって、同第二次報告では「親の学び」に改められた。

親学は特定の価値観を強制するものではなく、子供の発達段階に応じたかかわり方についての科学的知見や情報を提供することによって、「子供の発達を保障」しようとするものであり、脳科学や発達心理学等の最新の科学的知見によって日本の伝統的子育ての知恵を創造的に再発見することを目指している（拙著『脳科学から見た日本の伝統的子育て』モラロジー研究所、参照)。

道徳の教科化についても、特定の価値観や強制という批判があるが、文部科学省の徳育に関する懇談会は道徳性の発達段階に関する発達心理学者の最新の科学的知見に基づいて、子供の発達を保障するための徳育の内容と方法について研究した。道徳教育も家庭教育も「価値観の強制」という従来の固定的な先入観念から脱却して、「子供の発達の保障」への転換が求められているといえる。

ちなみに、同懇談会に対する各団体の意見は、次のように家庭教育に焦点を当てたものが多かった。

○徳育は、基本的に家庭で行うもの(全国都道府県教育委員会連合会)
○保護者の啓発活動に意識的に取り組んでいただきたい(全国高等学校長協会)
○特に家庭教育の充実を期して、具体的な提言を基に啓発活動を国民運動としていることに賛同する(全国都市教育長協議会)
○徳育の推進における家庭の役割、特に人格形成の基礎となる乳幼児期が大事である(日本PTA全国協議会)

明治三十一年に埼玉県の幡羅高等小学校が保護者に配布していた「家庭心得」には、「諺にも教育の道は、家庭の教えで、芽を出し、学校の教えで、花が咲き、世間の教えで、実が成る」と書かれている。当時から、家庭、学校、地域社会が教育の三本柱と考えられてきたのである。

また、「西洋諸国小学校生徒の欠席」と題して、「独逸を其重き者として、西洋諸国にては、通例小学校生徒の欠席は、之を其父兄、若しくは保護者の罪に帰し、謂《い》われなく、学校を休ましむる時は、科料若しくは禁固の刑に処するなり」と書かれている。科料とは罰金のことであるが、これは今も変わらない。

フランスは、親が教育義務を放棄した場合には、二年の禁固刑、三百六十万円の罰金、子供が学校を理由なく月に四回以上欠席した場合には、九万円の罰金を親に課している。イギリスは十七年前に「子育て命令法」を制定し、違反した場合には約二十五万円の罰金、滞納した場合には禁固刑を科し、子供が更生し、登校できるまで最長で一年間、親の講習を義務づけている。

アメリカでは、十二年前に「子供を置き去りにしない法律」を制定した。不登校は親の教育ネグレクト（怠慢）と見なされ、カリフォルニア州とワシントン州のシアトル市では一日約三千円の罰金か、それに充当するボランティアを親に課している。筆者が三十歳でアメリカに留学した当時、「ホーム・スクール」が全米で百万以上あり、就学の義務ではなく教育の義務が親にあると考えられていた。

男女共学とジェンダー・フリー

二十八年前、臨教審を代表してニューヨークの中学校を視察した折、中学生が窓ガラスを割った。スクールポリスがすぐに駆けつけ、親を呼んで罰金を取った。日本では校内は言うまでもなく校外で起きた事件まで学校や教師の監督責任を問うが、校内の事件の責任さえ親に求めて罰金を取るというアメリカとは対照的である。

わが国には「親の責任」を問うべきでないという根強い風潮があったが、改正教育基本法第十条に教育の第一義的責任は親（保護者）にあることが明記された。

そもそも教育基本法に家庭教育条項が盛り込まれなかった背景には、戦前の家制度や家庭教育が「侵略戦争」を引き起こした国民性を作っていると曲解したゴーラーやベネディクトらの思想的影響で、アメリカの対日文化戦略、心理戦略として、日本人の「再教育」が民間情報教育局（ＣＩＥ）の任務として命令されたという事情があった（雑誌『正論』平成二十六年一月号の拙稿参照）。

教育基本法は日本人が「自主的」に制定したと言われてきたが、実際にはＣＩＥが米国教育使節団報告書の枠内で教育刷新委員会のリベラル派の進歩的文化人を背後から巧妙にリモートコントロールしつつ、ＣＩＥ、文部省、教育刷新委員会の三者による「連絡委員会」を通して、表向きは日本人の「自主性」を尊重しつつ、対立点については最終的にはＣＩＥと文部省のトップ会談によって決定された。その代表例が「男女共学」についてであった。

男女の特性を認めた上での「女子教育」の向上を主張する文部省と「男女共学」の導入に固執するＣＩＥとが激しく対立した。「両性の特性を考慮しつつ」と明記した文部省案に対して、ＣＩＥは「女性に対するあらゆる形態の差別を容認する表現となっており、非民主的で認めがたい」と書き直しを求め、この表現は削除された。男女の特性は本来的に異なるものであり、「特性を考慮」することと男女を差別することは根本的に異なる。ＣＩＥの不当な圧力によって「両性の特性を考慮」することが削除されたことが、後に「男女共同参画」教育と、性差を考慮することはすべて男女差別だとするジェンダー・フリー教育との混同を招来する禍根を残したといえる。

たとえば、家庭科の教科書では「男女共同参画社会をめざして」という見出しで、『夫は職場、妻は家庭』という固定的な性別役割分担意識もしだいに薄れつつある」と述べている。行き過ぎたジェンダー・フリーの風潮は第一次安倍政権下で作成された男女共同参画第二次基本計画で改められたが、五年後に福島瑞穂大臣の下で作成された同第三次基本計画で揺り戻しが起き、今日に至っている。

伝統的家庭観に目覚めた国民を支援せよ

内閣府の「男女共同参画社会に関する世論調査」（平成二十四年十月）によれば「夫は仕

事、妻は家庭」を支持する者は過半数を超え、特に若い世代で性別役割分担を支持する傾向が顕著で、東日本大震災後、家族の絆を大切にしようという伝統的な家庭観に目覚めた日本人の意識の変化が調査結果に反映している。

　絆とは馬が逃げないようにつなぎとめる道具のことであり、束縛することを意味している。従って、「絆のある社会」とは、「待機児童ゼロ作戦」のように育児を保育所に求める社会ではなく、まず「自助」努力をし、地域社会の絆で「共助」した上で、行政が「公助」する社会のことである。

　親子の絆を深める「親守詩」が全国の都道府県に広がり二十五年の十月二十日に全国大会（毎日新聞社共催、文部省・総務省後援）を東京ビックサイトで開催（作家の森村誠一氏が審査委員長）したが、香川県での親守詩大会の受賞作品（中学一年生）に「『うっとうしい』をこえての『絆』」と題する次のようなエッセイがあった。

「女の子って、めんどくさい。」そう思ったのは、中学校に入ってすぐだった。…ある日私は、そんな思いをママにぶつけてみた。するとママは、お皿洗いをしていた手をとめて、「ここに『絆』って字を書いてごらん。」と、ホワイトボードを指さし、言った。そして私が『絆』の字を書くと、ママはその横に『し』とつけたした。

「『絆《ほだ》し』っていうのは、『うっとうしい』って意味なの。みんな『絆《ほだし》』をのりこえて『絆』をつくるんだよ。」と言った。心がスッキリしたような気がする。ママありがとう。だから私は、そんな関係を友達とつくりたい。ママと私のように。

育児も介護も「うっとうしい」ものでもあるが、自助努力によって「絆し」を乗り越えて、共助、公助する社会が「絆のある社会」にほかならない。曽野綾子氏によれば「絆は自分の利益のために求めるものではない。むしろ自分の安全や利益などを捨てた時に、人間は絆の深さを示して輝くものである」と指摘している。（平成二十四年一月一日付産経新聞正論欄「与うる時、人は『絆』の中に立つ」参照）

親は子育てを通して親として成長する存在であるから、親子がきちんと向き合う環境を整備し保障する子育て支援が必要である。また、男女共同参画第四次基本計画の策定に向けて、これまでの項目、数値目標などの根拠の総点検を行うとともに、親子が向き合う「家族の絆」を深めるという視点から男女共同参画のあり方について根本的に見直す必要があろう。

親学推進議員連盟の勉強会で埼玉県の保育園長は「待機児童なんていません。待機親がいるだけです」と訴えた。「女性の労働力の活用」を掲げる安倍政権は「待機児童ゼロ作戦」を推進しているが、少子化対策としての従来の子育て支援策は、働く女性の子育て負担を保育サービスの量的拡大によって軽減することが主目的になり、親としての成長、発達を支援する「親育ち」支援という視点が欠落していた。

九年前に自民党の「過激な性教育・ジェンダー・フリー教育実態調査」プロジェクトチームの座長を務め、男女共同参画政策の適正化に尽力した安倍首相が男女共同参画第四次基本計画の策定に向けていかなるリーダーシップを発揮されるかに注目したい。目先の費用対効果で教育予算の事業仕分けをした民主党の政策から訣別して、「日本を取り戻す」ためには、批判を恐れず、親子がきちんと向き合う家庭教育支援策に転換し、経済のものさしと幸福のものさしの両立を図る必要がある。熊本県、鹿児島県で家庭教育支援条例が作成され、他県でも準備が進められているが、家庭教育推進法（議員立法）の制定が急務である。男性の正規雇用拡大、親になるための学びの推進など実情に即した少子化対策に一刻も早く取り組む必要がある。

世界的な文明批評家であるトインビーやトフラーは、文明の危機の本質は核兵器や侵略などの外部からの危機ではなく、内部からの家庭、家族の崩壊の危機にあると喝破した。これらの古今東西の知見を安倍政権は生かすことができるか、今、まさに正念場に立たされている。

■異次元の規制改革を目指せ
――メガＦＴＡの実現を

東京国際大学教授
大岩雄次郎

■おおいわ ゆうじろう

昭和二十三（一九四八）年、東京都生まれ。慶應義塾大学大学院経済学研究科博士課程単位取得満期退学。東京国際大学経済学部専任講師、助教授を経て、現職。経済政策学会・公共選択学会理事。著書に『公共経済学』『憲法改革の構想』『入門公共選択』（いずれも共著）など。

第三の矢の成否こそアベノミクスの真価

過去二十年間、日本経済は下降の一途をたどり、閉塞感から脱する糸口も依然見えない。一九九五年から二〇一〇年までのわが国の実質国内総生産（GDP）成長率は年率平均で一％にも達しておらず、日本経済の低迷は顕著である。いわゆる「失われた二十年」の原因を一言で表すなら、総需要の不足であり、その結果、物価が低下し、デフレに陥っている。急速な少子高齢化と新興経済国の台頭により、世界経済での日本の市場占有率は縮小し、その上、東日本大震災で深く傷ついた。

東日本大震災対策は別としても、デフレ経済を立て直すには財政支援の強化も避けられない状況であるが、結局、そのための資金は「国債」という「借金」で賄うという問題の先送りが、財政破綻を懸念させる事態を引き起こすという悪循環に陥らせることになる。平成二十六年度末「国及び地方の長期債務残高」は、一一四三・九兆円（同年歳出予算額の約十一倍、同年税収見込み額の約二十一倍）に達すると見込まれており、欧州諸国の財政危機に比しても、日本の財政状態がいかに深刻であるかは疑いのない事実である。

日本が、国内市場だけで、これまでのような経済的繁栄を回復し、さらに持続させていくことは困難である。内需が先細りする日本経済が今必要としているのは、国内市場を開き、海外市場との繋がりを拡大し、世界の成長国との連携を強化することで、海外経済の成長を取り込み、デフレから脱却し、日本経済の再生を図ることである。

日本経済の起死回生策として期待されるアベノミクスの問題意識は妥当である。つまり、アベノミクスの本丸は第三の矢の「成長政策」にあるという当初からの認識は正しいが、実際に注目を引いたのは、専ら、第一の矢の「異次元の金融緩和」であり、その陰に隠れて、第二の矢の「機動的財政出動」に至っては、過去の経験が全く生かされないまま、その効果についても十分な議論がなされずに大規模な公共支出が予算計上された。さらには、「異次元の金融緩和」は、日銀による国債の大胆な買い入れによる超低金利水準の維持が国債の消化を支えているという意味で、実質的な財政ファイナンスであり、将来の財政リスクを拡大させることも懸念される。

デフレからの脱却には、大胆な金融緩和だけでは達成できないことは論をまたない。円安効果にも限界があり、日銀がどれほど貨幣を市場に供給しようとも、銀行貸出に回らなければ、実体経済を変化させることはできないため、物価の上昇には結びつかない。また、大規模な財政出動も、あくまでも一時的に需要を拡大できても持続できるものではない。民間投資を誘発できなければ、早晩反動減に見舞われるだけである。その意味で、持続的な成長軌道に経済を乗せるには、未だ実効力の乏しい第三の矢である「成長戦略」の成否こそが、アベノミクスの真価を決める矢であることは自明のことである。

アベノミクスの約二年を見てみると、円安、株価、物価などに一定の効果があったのは明らかである。アベノミクス実施以前は、実質GDPの伸びは低水準で、かつデフレ状況にあったが、ようやく実質GDPの低迷を脱し、物価もデフレ脱却が見えてきた。しかし、それが生活水準の改善を十分実感させるほどの効果には繋がっていないことも事実であろう。つまり、物価上昇に比して実質GDPが十分には上がらず、所得の上昇に繋がらないかぎり、持続的で、自律的な経済回復の実現は困難である。

財政や金融政策は、本質的には対症療法であり、問題の先送りである。今の日本経済の再生には資金需要を創出する経済構造の抜本的な改革が必要である。アベノミクスは、短期的な効果しかもたらさない公共投資に依存し、それを支える金融政策の名の下での財政ファイナンスによるコストの先送りという意味で極めて短期的な政策に留まっている。肝心な成長政策の内容は異次元の金融緩和ほどの斬新さはない。しかし、成長政策の内容の適否はこれまで繰り返し論じられたものであり、出尽くした感はあるが、問題は「実行する」ことである。

財政健全化の道筋は

リフレ政策によりデフレを克服したと判断するには、少なくとも数年はかかる。その間の景気後退期にも適度な雇用・所得環境が維持されるという期待を高めるには、中長期的に実効性のある成長戦略が不可欠である。金融緩和政策への過度の期待が、本来の規制改革や構造改革を遅らせる危険性を危惧せざるを得ない。

今必要なことは、目先の株価や為替の変動に気を取られ、一年程度の短期間でアベノミクスについて性急に結論を求める不毛な議論の応酬ではない。日本経済が二十年間の長い停滞から再生するには時間がかかる。経済再生に打ち出の小槌など存在するはずもない。重要なのは、アベノミクスがもたらした経済再生の最後の好機を逃さず、それを生かすための政策論議とその実行に全力を注ぐことである。そのためには、問題の先送りをやめ、痛みを伴う改革から逃げずに、改革をやり遂げる覚悟が必要である。

日本経済の長期低迷は、グローバル化に対応できていない結果である。つまり、徹底したコスト競争の中で、わが国の旧態然とした諸制度の改革の遅れにある。たとえ、際限のない金融緩和によってインフレや円安を引き起こせたとしても、企業の競争力が回復するわけではない。つまり、少子高齢化、新興国経済の台頭、資源価格の高騰などの日本経済を取り囲む諸問題の重要性は増すことはあっても、低下することはないからである。日本経済の再生には、企業の国際競争力を回復させ、名目および実質ともにＧＤＰの拡大を実現させる以外に方策はない。

そのためには、これまでのように規制緩和や構造改革をお題目に留めている限りその実効性は期待できない。現在の日本経済の状況では、金融緩和政策はあくまでも補助的な政策であり、経済再生の抜本的な対策になるとは期待できない。市場構造の変化に見合った経済・産業構造の転換を実現させることが、日本経済が長期的な低迷から脱するための必要条件であると思われる。つまり、政府の使命は、民間企業が競争を通して成長できる環境整備をすることであり、これ以上の政府による景気対策や産業政策を行うことではない。

政府が全力を注ぐべき唯一は、財政再建である。社会保障制度改革と景気回復による税収増による財政健全化の道筋をつけることが、日本のファンダメンタルズを改善し、民間企業を支えることになる。

本来、デフレも円高も原因ではなく、結果である。日本経済は円高と共に成長してきたし、デフレに陥ったのは成長率の低下が主因である。成長の源泉である競争力は保護されていては高まらない。したがって、政府も企業も環太平洋戦略的経済連携協定（ＴＰＰ：Trans-Pacific Strategic Economic Partnership）等の自由貿易協定において、聖域を守るのではなく、できる限りの適正な自由競争の環境を作り、挑戦することの意義を再認識するべきである。

公共事業頼りの景気回復

この約二年間、各種の経済指標を見る限り、景気は平成二十四年末を底に回復基調にあることは誰の目にも明らかである。ただし、この景気回復は、果たして本物であろうか。

これまでの多くの場合と異なり、今回の景気回復を主導する要因は外需ではなく内需の拡大によるものである。ただ、問題はその内需の中身である。今回は、ＧＤＰの六〇％超を占める個人消費の増加が牽引した内需増加ではない。この内需増加を支えているのは、主に、公共投資と一部の個人消費である。公共投資の効果は本来一時的なものであり、今回の大型補正予算の執行も景気を押し上げる効果はあるとみられるが、その効果は持続的ではない。中長期的に経済成長率を高めるためには、実効性の高い成長戦略が重要である。また、個人消費の増加もアベノミクスに対する期待によるものであり、実際の所得増加に支えられたものではないため、今後もその増加傾向が、中長期的な景気拡大に続くかは不透明である。

さらに、安倍政権発足時から約二〇%の円安が進んだにもかかわらず、輸出数量(=外需)も期待ほど増加していない。円安の進行にもかかわらず、財務省が平成二十六年八月二十日発表した七月貿易統計速報によると、輸入は二カ月ぶりに減少したものの高水準を維持し、輸出の回復に力強さが欠ける結果、貿易収支(原数値)は回復傾向が見られるが、依然、九六四〇億円の赤字であった。赤字は二十五カ月連続で、七月としては統計のある昭和五十四年以降では平成二十五年に次いで二番目に多い赤字額となる。地域別では中東に対して一兆一一六四億円の赤字となっており、エネルギー資源の輸入コストが上がっていることが赤字の拡大に直結している。

一方、公共事業については、平成二十五年度予算が日本経済再生に向けて、緊急経済対策に基づく平成二十四年度補正予算と一体化して「十五カ月予算」として編成された。公共事業依存傾向は、平成二十六年度予算案でも継続されており、公共事業費は約六兆円と、平成二十五年度当初予算を約七〇〇〇億円上回っている。二年連続の増加で、むしろ戦略的に公共事業を活用する狙いが鮮明になっている。つまり、これまでも、今後も公共投資に依存した景気回復が明確になっているのである。

平成二十六年度予算案から見えてくるのは、アベノミクスの一年目を手放しで喜べるような状況からは程遠いということである。取り分け、アベノミクスの核心である成長戦略の中身を見る限り、当初の勢いとは裏腹に、むしろ後退していると言わざるを得ない。期待感が大きかった分、その失望も大きい。例えば、現行では三五％程度の懸案の法人税率引き下げについても、二〇一四年税制改革では復興特別法人税の前倒し廃止にとどまり、国際的に高い税率の引き下げという〝本丸〟には踏み込めなかったうえに、「経済財政運営と改革の基本方針２０１４」（骨太の方針）でも、「数年で二〇％台まで引き下げることを目指す。来年度から開始する」との方針を明記したに留まっている。

農業分野についても、減反政策（米の生産調整）の廃止という基本的な方向性を打ち出したものの、主食米からの転作を誘導する飼料用米への補助金拡充や農地保全を目的とした日本型直接支払制度を新設したことは、むしろ小規模生産を温存することに繋がり、農業の体質強化とは逆行する。さらに、農業を成長産業に転換させるために必要な、農地の集約や企業の参入についての具体的施策はきわめて貧弱である。抜本的な制度改革による農業強化の目途が立たないままに、市場開放に後退姿勢を取る限り、日本経済全体の再生の鍵を握る自由貿易の拡大が遅れることになる。

これまで何度となく挫折してきた成長戦略の失敗の轍をこれ以上踏むわけにはいかない。信頼を回復するには、思い切った内容の実効性のある成長戦略の推進が求められる。法人税率の引き下げはもとより、一定の条件の下で農業分野を自由化するといった覚悟をもって、TPPを初め、今後のメガFTA（巨大自由貿易協定：例えばRCEP＝東アジア地域包括的経済連携、Regional Comprehensive Economic Partnershipなど）の実現を主導できるに足る内容のある成長戦略が必要である。それにもかかわらず、政権が発足して約二年経過した今なお成長戦略の中身は希薄なまま、具体的な成長戦略の策定に至っていない。これまで成長戦略の名の下にいくつかの案が提示される度に、次の成長戦略を求める声が強く上がることが、その内容に対する失望の表れである。

財政赤字は拡大し続ける

こうしている間に、国債頼みの経済運営はますます深刻化してゆく。

財政赤字の拡大は、二〇一二年度補正予算で緊急経済対策として八兆円弱の国債増発を主な財源に国費一〇兆円超を計上し、そのうち六兆円が二〇一三年度の執行にまわされたためである。つまり、一三年度予算の公共事業費は、前年度比〇・五％増に留まっているが、「十五カ月予算」としては、一二年度補正予算額計上分が公共事業費を大きく押し上げる結果になった。二〇一五年度までに赤字をGDP比で三・二％まで縮小するという国際公約を実現するには、二年間で一七兆円以上の収支改善が必要であり、これまでの未達で終わった収支改善目標に比べても、その規模ははるかに大きく容易ではない。

こうした状況にもかかわらず、二〇一四年度の一般会計の歳出は九五・九兆円に達し、二〇一三年度の当初予算九二・六兆円を上回る。公共事業費もインフラ老朽化対策のほかに整備新幹線関連予算の増額もあって実質的に一・九％増加する。消費税増税や自然増収分を見込んでも、歳出拡大の結果、新規国債発行額は四一・三兆円程度と、二〇一三年度の四二・九兆円からの圧縮幅は一・六兆円に留まる。基礎的財政収支では五・二兆円（平成二十五年度当初比）の大幅な改善ではあるが、空前の財政赤字規模を勘案すると、財政健全化の観点からは不十分と言わざるを得ない。平成二十六年度も新規国債の発行額は四〇兆円を超え、すでに一〇〇〇兆円超の国の借金が増え続けることには変わりない。むしろ、消費税増税や景気回復による税収増に頼り、財政問題への危機感が後退した面も否めない。

「異次元の金融緩和」が生み出したものは

これまでのアベノミクスの政策効果はほぼ公共事業の拡大によるものであるが、注目を浴びているのは、「大胆な金融緩和」であり、景気回復は金融政策の効果と思われている。しかし、日銀による大規模で、継続的な国債買い入れにより長期金利が低水準に保たれている結果、国債が安定的に消化され、公共事業の拡大を支えているのである。つまり、金融緩和を介した財政ファイナンスに拠る財政政策が、実質的に公共事業を中心に行われているのである。平成二十六年度予算での支出削減が極めて不十分であることからも、財政の規律が緩む傾向にあることが危惧される。懸案の社会保障関係費は、二〇一三年度二九・一兆円から三〇・五兆円へと増えている。近年のギリシャの例を挙げるまでもなく、痛みを伴う支出削減を回避して経済成長による増収で財政再建を果たした成功例はこれまでほとんどない。

現時点で、アベノミクスを特徴付けるとすれば、従来型の短期的な公共投資と財政支出によるコストの先送りによる景気対策が主軸である。安倍首相は所信表明演説で「いつまでも国の財政で需要を作り続けることはできない。持続的に成長するためには、雇用や賃金を増やすという好循環を生み出していく必要があり、成長戦略が極めて重要だ。同時にプライマリーバランスの黒字化も目指していく」と述べ、「財政規律の重要性とともに、経済成長の原動力となる需要を作り出すためには、『成長戦略』が重要である」との認識を示している。この認識は正論であるが、依然、アベノミクスの「一丁目一番地」と位置付けていた「成長政策」には、目を見張るものはない。それどころか、財政赤字は確実に増大し続けている。

本来、リフレ派の人たちが主張する「インフレ目標政策」とは、中央銀行が将来の物価上昇率の目標を定め、その達成に主眼を置く金融政策を意味している。緩やかな物価上昇が経済にプラスであるとみられる国で物価上昇の抑制策として導入されている。一方、デフレとは、企業収益の悪化を通じて雇用・賃金を減少させ、それによる需要の減少がさらにデフレに繋がるという悪循環を意味している。

安倍政権は、このインフレ目標政策を本来の目的とは全く異なるデフレ解消の実現のために、日銀に世界で初めて実施させたことになる。結果として、米国の連邦準備制度（ＦＲＢ）も現在苦慮している「異次元の金融緩和」の出口戦略という未経験の課題が、日銀を近い将来待ち受けている。つまり、デフレ脱却ができたとして、その後の景気回復に伴う金利上昇がもたらす国債の信認問題が待ち受けている。さらに、マネタリー・ベースの残高は二〇一二年末実績の一三八兆円から二〇一四年末に二七〇兆円に増加し、当座預金も二〇一二年末実績の四七兆円から二〇一四年末一七五兆円へ大幅に拡大すると見込まれている。

二〇一四年末に二七〇兆円規模の拡大が見込まれているマネタリー・ベース、また同年末までに一九〇兆円に拡大するとみられる長期国債の日銀保有によって支えられた経済から自立経済への軌道修正には、これまでに経験したことのない極めて困難な経済の舵取りが求められることになる。大量に購入された国債をどのように市場に還元するのか、場合によってはインフレの昂進と一層の金利上昇を引き起こし、経済再生の足枷になるリスクが高まる。

アベノミクスにより一時的な景気回復が実現したとしても、財政依存である限り、自律的で、持続可能な景気回復は期待できない。本来、自律的で、持続可能な経済とは、個人消費、設備投資を中心とする民需主導によるものであることを考えると、構造改革、規制改革を通じて、民間主導の実効性の高い成長戦略の一日も早い実現が求められる。つまり、需要増による生産増を通して所得を増加させるという好循環を生み出すには、規制改革による供給サイドの改善が不可欠であり、国際基準に見合わない制度や規制の改革が再生戦略の本筋である。

異例と思われる賃金に関する政労使会議も一定の意義はあるが、あくまでも民間労使の主体的な取り組みでない限り持続的な経済再生は期待できない。政府の役割は、財政金融政策で日本経済を支え続けるのではなく、民間の力を引き出す環境づくりである。財政や金融政策は、本質的には対症療法であり、問題の先送りである。今の日本経済の再生には資金需要を創出する経済構造の抜本的な改革が必要であり、同時に歳入・歳出構造の抜本的な改革の中長期的なビジョンを示し、経済成長と財政再建の工程を具体的に提示する必要がある。その鍵を握るのは、「不断の規制改革」である。

なぜ構造改革・規制改革が必要なのか

日本経済が長期的停滞から脱するには、生産性の高い企業がシェアを拡大できるように市場の新陳代謝を促すことや中小企業の生産性を高めることが必要である。つまり、経済全体の潜在成長率そのものを上げる構造改革が不可欠である。そのためには、第一の矢の異次元の金融緩和や第二の矢の大胆な財政支出よりも、実体経済により大きな効果を及ぼす構造改革を中心とする成長政策の着実な実行が求められる。

その構造改革を進めるには、規制緩和を核とする成長政策を着実に実現していかない限り、日本経済の再生は見通せない。なぜならば、日本経済が長期に低迷した原因は、次のような国際及び国内環境の構造的変化によるものと考えられるからである。

1. 国際環境の変化

(1) ドルショック―固定相場制から変動相場制への移行：グローバル化の始まり

(2) 九〇年代以降の冷戦の構造の崩壊&社会主義国の市場経済への移行

・フル・セット型の産業構造（全ての産業分野を、一定レベルで一国内に抱え込んでいる構造）が、構造転換を困難にした。

・日本の周辺に産業化した国がなかったために、欧州のような国際分業ができなかった。そのため、比較優位による国際分業の利益が引き出せず、フル・セット型の産業構造が必然であったが、新興国の台頭がこの秩序の維持を困難にし始めた。

・構造転換には失業等の痛みを伴うので、それらの先送りが繰り返されてきた（例：前川レポートの棚上げ等）。

・人口の高齢化が産業の転換を遅らせた。

・高度成長期前に石炭から石油へのエネルギー転換がなされたが、九〇年代には、痛みを避け、旧来型の産業構造の維持を図る政策がとられ続けたため、近年の国際分業に耐えられる構造への転換が遅れた。結果、中国等との競争条件の悪化により、衰退傾向に陥っている。

2．国内環境の変化

(1)不良債権問題―二〇〇〇年頃まで

(2)人口減少―少子高齢化―一九九八年頃から顕在化し、二〇〇〇年代に加速（年率一％減）

・人口減少は、労働供給制約で、インフレ要因と考えられてきた。

・人口減少による内需停滞の側面が見過ごされてきた。

・人口減少↓国内売り上げの低迷↓企業の成長期待の低下↓設備投資・雇用の抑制↓消費抑制↓総需要の低迷↓需給ギャップ悪化。

・二〇〇二年から二〇〇七年の輸出による景気拡大期に、(2)の問題（社会の老化の問題）が隠されてしまった。これは、リフレ政策、つまり量的緩和（二〇〇一年）、為替介入（二〇〇三年）による円安政策の結果であり、二〇〇五年の景気回復後も超低金利政策の継続で、輸出部門の過剰設備、欧米のバブルを助長した。

・二〇〇五年から二〇〇七年には、実効為替レートは、一九八五年のプラザ合意以前の超円安レベルであったため、従来型の製造業での国内生産を継続し、海岸進出が遅れ、現在の構造調整圧力となっている。

以上のことから、日本経済の長期低迷の原因は、実体経済の低迷（潜在成長率の低下）という構造問題が根本的な原因であることは明らかで、短期的な経済変動に対して、財政・金融政策は必要であるが、本質的に、いずれの政策も構造改革を遅らせ、現状維持に寄与するという二律背反的な問題を内包している。つまり、問題を先送りすることになる。

日本経済の再生と持続的な成長に必要なのは、少子高齢化によって縮小する国内市場の拡大に資するもので、同時に国内産業の生産性の向上に繋がり、さらに政治的リスクの小さい、安定的で、自由で、公正な市場の形成である。この視点から、日本経済の再生を実現するには、積極的に、複数の地域から多数の国が参加するメガFTA、つまり巨大な自由貿易圏の実現を主導することである。これにより日本の経済再生を実現できる可能性を高めると判断できる事実が、昨年から明らかになってきた。メガFTAの実現は、中国や韓国といった政治的な軋轢《あつれき》による経済的損失のリスクを小さくできるメリットもある。

日本の付加価値創造力は四十カ国中で世界一

その事実とは、二〇一三年一月に公表された経済協力開発機構（OECD）と世界貿易機関（WTO）が共同で作成した付加価値（TIVA）貿易統計（二〇〇九年分）の報告書から見えてきたものである。このデータベースは、グローバル・バリュー・チェーン（国際分業体制）がいかに他国との貿易関係やビジネスに影響を与えるかについての新しい視点を提供している。

この統計を見ると、どの国で生み出された付加価値が、どの国で最終消費されたかが分かる。たとえば、日本で生産された中間財が中国に輸出され、中国で最終製品に組み立てられ、アメリカに輸出された場合、従来の指標では、日本の対中国貿易黒字の拡大と中国の対アメリカ貿易黒字の拡大となる。しかし、中国からアメリカに輸出された最終製品に含まれる付加価値の一部は、日本で生み出されたものであるから、付加価値ベースで考えると、日本から中国に輸出した中間財の最終的な需要国はアメリカとなる。さらに二〇一三年五月公表の報告書の改訂版でも同様のことが確認されており、日本やアメリカなど、先進国の価値創造力が依然高いことが明らかになっている。

この貿易統計のうち日本関連の主な結論としては、以下の点が指摘されている。

・日本は国内で消費する製品やサービスの付加価値のうち八八％（二〇〇九年）が国内で創出されている。これは付加価値を創造する力を表しており、ＯＥＣＤに新興国を加えた四十カ国中、第一位である。輸出に占める付加価値率は八五％（同年）であった。

・貿易フローを付加価値で測ると、日本の輸出は中国向けよりも米国向けの方が多い。

・日本の輸出先国は、輸出総額ベースの計算では中国がトップ（二四％）で米国は第二位（二一％）だが、付加価値では、トップが米国（一九％）、中国は第二位（一五％）と順位が逆転する。輸出総額ベースから付加価値ベースへの差額は、二〇〇九年で対米で一三四億二一三〇億米ドル増加、二〇〇九年では対中で一二四億六二九〇米ドル減少となる。つまり、付加価値で見ると、対中、対韓貿易黒字はそれぞれ二〇・八億ドル、三・六億ドルとほとんどなくなるが、対米貿易黒字は貿易総額で見た場合より六〇％大きくなる。これは、アジアへの中間財輸出が米国の最終消費に行き着くためである。

・あらゆる産業部門で、日本の輸出品には、国内原産品が高い割合で含まれている。

・サービス（流通、輸送、情報・通信、金融、対事業所サービス、コンサルティング、設計、プロジェクト・マネジメントなど）は日本の輸出総額における付加価値の四二％を占めており、そのうちの高い割合が国内のサービス業者からのものである。製造業における輸出額に占めるサービスの割合も大きく（約三〇％）、効率的なサービス投入がモノの分野の競争力にとっても重要であることを示している。

日本経済の長期低迷の原因は円高ではない

この統計から色々な事実が読み取れる。特に重要なのは、リフレ派だけでなく、多くの人が「円高が日本企業の国際競争力を低下させた」と主張するが、最大の原因は、前述したように、グローバル化に遅れたという構造問題にあることが分かる。国内で生み出される付加価値の割合が高いということは、中間財の輸入割合が低く、自国で中間財から完成品まで賄っていることを意味している。

近年、委託生産や現地法人の設立などにより、中間財の輸入割合、つまり総輸出に占める海外創出付加価値の割合を、一九九五年の七％から二〇〇九年には一五％まで高めてきたが、中国（三三％）、韓国（四一％）には遠く及ばない。それだけグローバル・バリュー・チェーンに組み込まれていないことを意味する。これまで、日本企業の競争力の源泉はフルセット型の一貫生産のメリットにあった。しかしグローバル化の進展により、生産基盤の世界的な分散による低コスト生産が可能となり、韓国や中国は日本以上に生産基盤を国内からグローバルに分散することで、国際競争力を高めたのである。その結果、最終製品における日本の競争力は低下すると共に、中国、韓国への部品供給国となった。したがって、最終製品における国際競争力の回復を図り、経済の再生に繋げるためには、今後、グローバル・バリュー・チェーンへの関与を一層高める必要がある。そのためにはＴＰＰを含めてメガＦＴＡに積極的に参加し、国際的な大企業のみならず国内産業の競争力を一層引き上げることが必要である。

対中・対韓政策の見直しは必至

また、従来の統計では最終商品を輸出する国の輸出額が過大に評価され、同時に中間財を輸出している国は過小評価されていたことになる。付加価値で考えたときには、二国間の貿易赤字・黒字を取り上げてもあまり意味がない。例えば、韓国の対日貿易赤字批判も、韓国がその中間財を加工して、欧米各国に輸出している以上、この赤字は韓国にとって輸出に必要不可欠な原材料の仕入れ代金にすぎない。批判は全く意味をなさないどころか、付加価値をベースで考えると、韓国の対日貿易赤字はほとんどゼロとなる。この点では中国も同じである。したがって、政治的な圧力に振り回されないためには、中国経済の実像、つまり輸出の六割は外資系企業が占め、核心的な技術やブランドの不足などの中国企業の致命的な弱点や世界のグローバル・バリュー・チェーンでの低い位置に低迷している実態を踏まえた通商政策の再構築が必要である。

これまで中国など最終製品を輸出する国の国際競争力が過大に評価される面があったが、付加価値に基づくとこうした傾向が是正される。特に、貿易黒字を生まない対中、対韓貿易の実態に基づいて、わが国の対外政策の根本的な見直しが必要である。特に、労働集約型産業における国際競争力の低下が著しい中国は、今後は付加価値の高い製品の生産にシフトせざるを得ない。この点で高度の技術力を持つ日本は十分に比較優位にあるが、これまでのような安易な技術移転には慎重であるべきである。

同時に、付加価値でみると、米国の対中赤字は大幅に縮小し、対日赤字が急増するため、米国の政治的圧力が中国より日本に向けられる可能性も斟酌しておかなければならない。反面、日本経済の実力が過小評価されていたため、日本経済の付加価値力を一層生かすことができれば、近年、経済的地位の著しい低下を引き起こす一因ともなっていた流れを大きく変えることも期待できる。したがって、高品質商品の付加価値創造力の高さを生かすためにも、メガＦＴＡに繋がるＴＰＰ等の自由貿易に積極的に関わることは、日本経済の再生に重要な意味を持つことになる。

さらに、日本の場合のように国内で生み出される付加価値の割合が高いということは、製品やサービスの国内開発能力が高く国内産業でほとんどの付加価値を生み出していることを表していると同時に、市場が閉鎖的で消費者は国産の製品やサービスの購入を強いられているということも意味している。付加価値の割合の高い国には、先進国も途上国も含まれている。途上国の場合は、市場が十分整備されていないこと、また米国のような先進国の場合は、開発能力の高さに起因すると考えられる。米国が低付加価値製品の輸入と高付加価値製品の輸出を徹底しているのに対し、日本の場合は、米国より産業全体の労働生産性も約20％強低く、低付加価値製品も自国生産されている。つまり、低付加価値製品を輸入したほうが経済全体のコストが下がるということは、市場の閉鎖性の証左である。

したがって、低付加価値産業から高付加価値産業へシフトし、低付加価値のものは輸入で代替し、高付加価値のものを輸出するという産業構造へ転換することでコスト競争力を高めることが可能であるし、再生にはそうした転換が必要な状況にある。それを実現する最も重要な課題は、労働市場の改革である。政府の果たすべき役割は、教育・訓練などのより付加価値の高い産業へ労働者が速やかに移動できるような政策的支援をすることである。グローバル化が進んでも、付加価値の高い分野、とくに競争力の源泉となる基幹部分は、最後まで国内生産が維持されるような政策対応が求められる。むしろ労働市場改革が遅れていることが産業構造の転換を遅らせているといえる。

日本の輸出が米国などの先進国に支えられているという事実は、日本が付加価値の高い高品質の製品を生み出す高い技術開発に一層傾注すべきことを示唆している。近い将来、シェールガス・オイルによって米国経済の復活が見込まれていることを勘案すれば、米国市場はますますわが国にとって重要な市場になるのは明らかである。日本企業は新興国に海外拠点を築くよりも、米国での現地生産化を進めることが有利になる。

以上のように、自由で、公正なルールに基づくメガFTAの実現により、わが国が抱える様々な問題を解消できる可能性は高い。多国間の、規模の大きいFTAに参加することは、縮小する国内経済の拡大や国内企業の競争力を向上させるだけでなく、特定の国の恣意的な行為を排除できる。特に、わが国のように技術力において比較優位にある国にとって、自由で、公正な貿易のメリットはもっとも大きい。

経済再生のための原発再稼働

但し、わが国の再生にとって喫緊の課題が残されている。言うまでもなく、エネルギー問題、つまり原発の再稼働問題である。成長戦略を策定する際に、エネルギー政策が定まっていない状況で、具体的な成長政策を立てること自体に無理がある。原子力規制委員会は二〇一四年七月十八日、東京電力福島第一原発事故を分析した調査報告書をまとめ、一号機の非常用交流電源系統が喪失したのは「津波による浸水」と結論付けた。したがって、安全が確認された原発は速やかに再稼働し、原発を含めたエネルギー計画を早急に確定する必要がある。

感情論に流されず、より客観的に、原発のもたらすメリットを評価すべきである。原発がわが国の経済成長を支えた事実を十分思い起こし、原発停止により、毎年、四兆円を超える国富が燃料費として海外に流出している事実を直視すべきである。巨額の燃料輸入が貿易赤字はもとより、経常収支の赤字も引き起こす事態は、これ以上放置するわけにはゆかない。燃料コストの増加は、企業の空洞化を促進し、経済の再生を一層困難にするのは明らかである。

さらに、世界の原発促進の潮流は、福島の事故以後も変わっていないし、わが国の原発に対する信頼性も変わっていない。安全な原発の開発、促進にはわが国の技術が不可欠であるだけでなく、わが国のエネルギー安全保障を確保するためにも、原発の再稼働に留まらず、新増設を踏まえたエネルギー政策を一日も早く実施することが、日本経済再生の基本条件である。

Ⅰ遺稿

拓殖大学大学院教授
遠藤浩一

■憲法とアベノミクスについて

■えんどう こういち

昭和三十三（一九五八）年、金沢市生まれ。民社党広報部長などを経て拓殖大学大学院地方政治行政研究科教授。同大学日本文化研究所所長。著書に『消費される権力者』『小澤征爾―日本人と西洋音楽』『政権交代のまぼろし』『福田恆存と三島由紀夫 1945～1970』『戦後政治史論 窯変する保守政治 一九四五―一九五二』など。正論新風賞受賞。二〇一四年一月死去。享年五十五歳。

安倍総理は「ツイてゐる」？

安倍晋三総理について「ツイてゐる」といふ声を耳にすることがある。

自民党総裁選での逆転勝利、衆議院総選挙の圧勝及び政権奪還、参院選大勝による安定的政権基盤の確保、そしてオリンピック招致による支持率上昇……。確かに、安倍氏は運に恵まれてゐるといへるのかもしれない。

「運も実力のうち」とはいふ。が、安倍氏が座してツキを待つだけの政治家でないことは、第二次内閣発足後の、手堅いが挑戦的な仕事ぶりからみて明らかであらう。この一年、いや野党時代からの足跡を辿ると、彼は――マキアヴェリ風に言へば――むしろ運命の女神を何が何でも従はせる力強さを発揮しようとしてゐるやうに見える。

「ツイてゐる」といつた月並みな表現では言ひ表せない何かを、この宰相は背負つてゐるのだし、彼自身そのことを、はきと自覚してゐるに違ひない。それは日頃の言動から容易に推察できる。

その「何か」とは、戦後六十七年・主権回復六十年の年に首相に復帰した、安倍晋三といふ政治家の宿命なのだらう。また、平成二十四年秋に彼を選んだのは、日本国及び日本人にとつて必然的選択だつたのではないだらうか。裏を返せば、ほかの誰でもない、安倍晋三氏を選ばざるを得ないところまで、日本は追ひ込まれてゐるのだともいへる。

「ツイてゐる」などといふ退屈な表現をもつて安倍氏の政治的資性や環境を語らうとする人は、結局のところ彼の運・不運といふ私的な文脈に日本国のおかれた公的状況を収斂《しゅうれん》させる見方でお茶を濁してゐるわけで、私どもが直面する軍事的、外交的、経済的、社会的環境劣化の深刻さに対する当事者としての感度が絶望的に鈍いと言ふほかない。我々が関心を向けるべきは、安倍晋三氏の運とか不運ではない。日本国の、そして日本民族の命運である。

別の言ひ方をしよう。安倍氏を内閣総理大臣に再任させたことは、日本国及び日本人にとつて、あくまでも手段であつて、それ自体が目的なのではない。ここが肝腎のところである。

安倍氏自身、かつて「自民党は、もはや政権の地位にあること自体を目的にした政党ではない、という認識をあらたにすること」を説いた上で、かう述べてゐる。

わたしが政治家を志したのは、ほかでもない、わたしがこうありたいと願う国をつくるためにこの道を選んだのだ。政治家は実現したいと思う政策と実行力がすべてである。確たる信念に裏打ちされているなら、批判はもとより覚悟のうえだ。(『美しい国へ』、傍点引用者)

安倍首相も自民党も、政権の地位にあること自体を目的にしてゐるわけではないだらう。安倍氏自身、かうありたいと願ふ国をつくるために、敢へて再び宰相の座に就いたに違ひないのだし、自民党員並びに有権者もさういふ氏を、時間を追ひつつ諒としてきたのだと思ふ。

「闘ひ」を忘却し続けた戦後政治

それにしても、安倍内閣及び日本国民が直面する課題は多端である。政治や行政の〝プロ〟の間には「一内閣一課題」だとか、「優先順位をつけて一つひとつ懸案を解決していけ」と説諭する人が少なくない。その延長線上にあるのが、いはゆる「安全運転」論なのだが、この手の、何かにつけて政治技術論に収斂させる言ひ回しにも、「ツイてゐる」と同様に、他人事のやうな気楽さが漂つてゐる。そしてさういつた気楽な応援歌がプロのみならず素人の間にも膾《かい》炙《しや》し、結果的に安倍氏にとつて贔屓《ひいき》の引き倒しになることを、私は心底怖れる。

平成二十四年の暮れ以来急増した床屋政談屋たちの陳腐な議論には心底ウンザリさせられる。「安全運転」だの「できることから着実に」だのといつた、尤《もつと》もらしく聞こえてその実予定調和の世界でしか通用しない掛け声は、所詮俄仕込みの大向かうでしかない。天井桟敷の年季の入つた見物は、ここぞといふときに声をかける。俄見物の掛け声は田舎芝居なら失笑を受けてお仕舞ひかもしれぬが、大歌舞伎では芝居を潰しかねない。大衆民主主義の政治家にとつて、床屋政談家はあまり当てにならない味方であるとともに、最も厄介な敵となる。

それはさておき、〝プロ〟から発せられる尤もらしい忠告は、黙つてゐても米国が日本を守つてくれるであらうと信じられてゐた冷戦期——国内的には自民党による単独政権が自明のものとされ、官僚による裁量が政治判断の大部分を占めた、ある意味幸福な時代ならば一定の説得力はあつたかもしれない。しかし、こんにちの日本は、問題を一つに絞り込んですむやうな状況にない。「優先順位」や「安全運転」といつたスローガンには、それ自体に罠がひそんでゐることを、プロ、床屋政談家ともに弁《わきま》へるべきだらう。

こんにちの日本――安倍総理にとつての到達すべき目標（独立主権体制の完成）は比較的明確である。しかし、それにいたる道筋の設定がなかなかに複雑で、明快なシナリオの提示は難しい。さうした点において、氏は、戦後政治の中でも最も厄介な局面を自ら引き受けた総理といへる。

爛熟した大衆民主主義の時代にあつて、国民はインターネットといふ道具を手に入れ、みな批評家であり、利益代弁者であり、そしてまた公の意思を体現する（と思ひ込んでゐる）存在になりおほせた。政治家もまた、懸命にツイッターやらフェイスブックと向き合つてゐる。道具は活用するにしくはないので、そのこと自体に是非はない。しかし、さうした平板化した言論環境の中で、政治家が決断よりも受信と発信にこれ努めるうちに、懸案は確実に堆積してゐるといふ認識を、為政者と国民は共有すべきである。誤解を怖れずに言ふならば、誰もが自由にモノを語ることのできる社会において、為政者はかつてと比較にならないほど決断しにくくなつてゐる。そんな中で安倍氏は、複雑で多岐にわたるさまざまな懸案についての決断と実行（陳腐だが、これ以外に適当な表現が見当たらない！）を迫られてゐるのであり、さうした地位に就くことを自ら択《えら》んだのである。

民主党政権の負の遺産を清算し、デフレから脱却して日本経済を成長軌道にのせ、自由貿易体制の中でナショナルエコノミーを育成し、少子高齢化の波を掻き分けて共同体の活力を維持・向上させ、資源無き日本に相応《ふさわ》しいエネルギー戦略を確立し、貪欲な領土的野心を示して現状変更をはからうとする中国やその手代よろしく事大主義に凝り固まつた韓国を相手に冷静にかつ毅然と対応し、自国の領土・領海・領空と国民の生命・財産、さらには国家と民族の誇りを守り、腰の落ち着かない米国を叱咤して日米同盟の安定化・健全化をはかり、歪んだ教育を再生し、東日本大震災からの復興を確かなものとしつつ天災の被害を最小化すべくインフラの強靱化をはかり、さらには、半世紀以上にわたつて日本国及び日本人を縛つてきた奇怪な呪縛を断ち切るといふ仕事を、ほとんど同時併行的に進めなければならない。

こんな大仕事を自ら背負つてみせると宣言するのは、よほど身の程知らずか、歴史に背中を押された「選ばれた宰相」のどちらかである。安倍氏はもちろん後者であり、そのことについて私は、「権力への意志と権力の意志の合致」と評したことがある（「長い道のりへの序曲として――安倍政権の歴史的意味」、『別冊正論』第十九号）。

かうした諸課題のすべては相互に連関してをり、どれか一つに絞り込むことで――すなはちシングル・イシュー化することによつて内閣の使命を果たせるといふ時代は、四半世紀前――欧州における冷戦終結時に、実は終はつてゐる。

もとより政治技術論として、課題に優先順位をつけることは必ずしも排除されるべきものではない。また、課題によつて比較的短期で成果があらはれるものから、長期的戦略が求められるものまであるから、何もかもを闇雲に同時に進めればいいといふものでもない。戦線の無分別な拡大は必ず失敗する。安倍氏が指摘したやうに、政治家にとつては、実現したいと思ふ政策とその実行力がすべてなのであり、政策を実行するためにはしたたかにしてしなやかな戦略が求められるのだし、必要なときには妥協も厭《いと》つてはゐられない。R・ニクソンはかう喝破したものである、「指導者がする妥協の多くはあした闘うための妥協だ」（『LEADERS』）と。

とはいへ、政治家も人間だから、完全ではない。優先順位付けや妥協が日常化すると、それが明日闘ふための準備であることをいつしか忘れ（あるいは忘れたフリをして）、重要な問題を棚上げしてしまふといふことがある。戦後日本政治史は、その意味で、肝腎なことを忘却し続けた歴史といへる。何を忘却したのか。政治家としての「闘ひ」である。安倍氏は自らを「闘ふ政治家」と規定してゐる。

わたしは政治家を見るとき、こんな見方をしている。それは「闘う政治家」と「闘わない政治家」である。
「闘う政治家」とは、ここ一番、国家のため、国民のためとあれば、批判を恐れず行動する政治家のことである。「闘わない政治家」とは、「あなたのいうことは正しい」と同調はするものの、決して批判の矢面に立とうとしない政治家だ。（中略）

初当選して以来、わたしは、つねに「闘う政治家」でありたいと願っている。（安倍氏前掲書）

安倍氏を支持する動機は多様である。ある人は自民党政権（利益分配政治）の復活・維持を目的とし、またある人は民主党政治の負債さへ処理できればそれでよしとし、また別のある人は経験したことのないデフレとの対決で頭が一杯だらうし、少なからぬ人は言葉の真の意味における国家の再建を期待してゐるだらう。動機によつて安倍首相に求めるものは違つてくるし、さうした違ひはしばしば反目や対立に発展する。

民主主義における統治の要諦は比較多数派の形成であるから、首相は、かうした混在する動機に潜む対立への衝動を抑制し、むしろ陣営内における競争へと転化させ、自らの政権基盤を確かなものにしていかなければならない。

その意味からも、現状、ひとまづ経済再建に全力を傾注してみせてゐるのは、政治技術論としては間違つてゐない。国民の圧倒的多数は経済の活性化を歓迎してゐるし、いかに〝安倍嫌ひ〟のマスコミといへども、それ自体には反対できないからである。

ただし想起しなければならないのは、かうした優先順位付けは往々にして政策の事実上の選別となり、選別されなかった重要課題は結果的に放置されてきたといふ、戦後の経験である。これこそ、戦後政治最大の教訓といはなければならない。安倍氏も、そのことは十分すぎるほど弁へてゐると思はれる。

昭和三十年の自民党結党には、①戦争で疲弊した経済力の回復、②日本が本当の意味での独立を取り戻す、といふ二つの理由があつたと、安倍氏は指摘する。それから半世紀経つて、第一の目標は高度成長によつて達成したものの、第二の目標は後回しにされてしまつたことを氏は遺憾とし、以下のやうに述べてゐる。「その結果、弊害もあらわれることになった。損得が価値判断の重要な基準となり、損得を超える価値、たとえば家族の絆や、生まれ育った地域への愛着、国に対する想いが、軽視されるようになってしまったのである」(前掲書)。

こんにちの日本が突きつけられてゐる課題も、自民党結党時とほとんど変はらない。すなはち、①デフレで疲弊した経済力の回復と、②真の意味における独立主権国家の再建の二つである。そしていま、安倍首相は必死になつて前者と取り組み、後者については、折節にアピールはするものの、必ずしも主要課題とはなつてゐない。

首相の言ふ「戦後レジームからの脱却」とは後者のことであり、その中心的課題が自主憲法制定ないし憲法改正であることは言ふまでもない。それは畢竟《ひっきょう》「強い日本」の再建にほかならない。

戦後レジームとは、「諸国民の公正と信義」は信頼するけれども、日本国及び日本人は信頼に値しないといふ偏頗《へんぱ》なイデオロギーの制度化にほかならず、かうしたいびつな「国のかたち」は、日米安保体制が機能してゐた冷戦期だからこそ、辛うじて維持されてきたといへる。

しかし、中国が軍事的、政治的、経済的に自らの生存圏の拡大をはかり、世界の警察官としての地位を放棄しつつある米国が、ともすれば中国に対して宥和的な姿勢に傾きつつあるいま、わが国にとつて、独立主権国家に相応しい強靭さを回復することは必須になつてゐる。その中心的課題が、憲法を歴史ある独立主権国家として相応しいものに改める作業であることは言ふまでもない。

このときまた、戦後政治がさうしてきたやうに、いつのまにか前者の経済再建だけを目標として特化し、後者の国家としてのより本質的な課題を棚上げにするわけにはいかない。困難な道だが、二つの難問を解決するところに、安倍氏が復権した意義がある。安倍首相が背負つてゐる「何か」の本質は、まさにこの「闘ひ」にあるのだといはなければならない。

新憲法は日本破壊のための道具

憲法改正ないし自主憲法制定は主権回復後六十年の課題である。が、今日にいたるも、実現してゐない。私ども日本国民は六十年間、そのことに背を向け続けてきた。政治家もある時期以降、議論を喚起しようとしなくなつた。つまり闘ひはなくなつてしまつた。日本人自身が憲法を自らの手に取り戻す作業を放棄し続けてきたといふ事実を直視し、それを教訓としないことには、平成の憲法改正（自主憲法制定）も、またぞろ絵空事に終はつてしまひかねない。

そもそも現行憲法の本質とは何か？

東久邇内閣の外務大臣として昭和二十年九月ミズーリ号上で降伏文書に調印した重光葵は、占領政策についてかう述べてゐる。

第二次世界戦争が従来の戦争と異つて居る点は完全なる総力戦たる点である。之はソヴィエト及ナチの全体主義から直接来たものである。

従つて戦争終結に当りても従来の様に単に領土の変更、賠償の要求、又は武装の解除等の如き、武力のみの勝敗を決する戦争の終末条件の如きを以て終結することは出来ぬ。必ずや勝者は敗者の総力を破壊することを企てるに相違ない。之が斯る戦争の始期も終期もなしとせらる所以である。

敵は日本を完全に武力解除をなし国力を制限して再び「侵略」政策に出で得ざる様に国の構成を変更して将来の保障を得んとするのである。（「敵の日本管理」）

外相退任後の十月二十五日に書かれた文章だが、占領政策の本質が過不足なく剔抉《てっけつ》されてゐる。始期も終期もなき総力戦といふ表現で、降伏文書調印後も戦争状態が続いてゐることを示してゐる。勝者は敗者の武力を奪ふだけでは満足せず、その徹底的な破壊を企図し、国の構成そのものを変更しようとするに違ひないと見抜いてゐる。後にジョージ・ケナンも同じ見方から国際政治の場に道徳的観念を持ち込んではならないと指摘してゐる。道徳的な優越感（ソビエトやナチスからすればイデオロギー的な優越感といふことになるであらう=筆者注）をもつて戦はれる戦争は、相手を徹底的に屈服させない限り満足できなくなるが、それでは却つて暴力を長引かせ、激化させ、政治的安定に破壊的効果をもたらすこととなるとケナンは説く（『アメリカ外交五十年』）。

日本を徹底的に屈服させるための象徴的作業が、吉田茂が「棚のだるまも赤面し」と自嘲してみせた新憲法制定だつた。すなはち現行憲法は、新生日本の理想を示したものでもなければ、ましてや国家の最高規範でもなく、勝者が敗者を破壊するために持ち込んだ道具でしかないのである。

しかし、ほどなくして総力戦の構図が変化する。冷戦の激化にともなつて、米国は占領政策を「国力の制限」から「西側陣営の一員としての育成」へと転換するのである。さらに朝鮮戦争勃発に際して「完全な武装解除」も取り下げ、日本に再軍備を求めるやうになる。

講和条約締結交渉の過程で、再軍備を求めるダレス特使に対して吉田首相は表向きこれを拒否するかに見せつつ、実際には五万人のセキュリティフォースの創設を密約する。これが自衛隊の原型となる。日本の総力を破壊してしまへといふ全体主義的総力戦の帰結も、「自由主義対共産主義」といふ新たなる現実を前にして修正を余儀なくされたのだつた。つまり、主権回復の段階で、現行憲法の虚妄は十分すぎるほど明らかになつてゐたわけである。

したがつて本来ならば、主権回復と同時に占領期の憲法（とされたもの）は破棄され、改めて大日本帝国憲法の改訂作業に取りかかるべきだつた。

しかし吉田は、当用憲法の恒久化をはかり、その上で西側陣営の一員として国際社会に復帰する道を選んだ。ところが、一口に「諸国民」といつても、信頼できる者とさうではない者があることは、はつきりしてゐた。そこで共産圏は除外し、比較的信頼できると考へられる西側諸国との講和条約締結を先行させた。これは吉田の大きな功績であつた。

ここで二つの問題が提起される。独立主権国家として日本の安全保障をどうするかといふ問題である。

吉田は、二つの手当をすることにした。第一に旧敵国の米軍の駐留を延長してソ連をはじめとする共産圏を牽制する。第二に後に自衛隊となる独自のセキュリティフォースを創設する。前者は冷戦といふ新たな国際環境への対応であり、日米安全保障条約の締結によつてとにもかくにも法的根拠は得られたが、後者は、第二次大戦後の勝者による敗者の支配といふ構図の中で作成された憲法が、これを頑として認めない。

軍隊を持たないと宣言した憲法を維持したまま軍隊を復活させるのは、どう見ても無理がある。吉田はそこで「軍隊ではない」と強弁することによつて遣り過ごさうとした。しかし、米国の指導による組織作りを進めるにつれ、これが軍事組織であることは誰の目にも明らかになる。ここから解釈改憲といふ名の憲法の無効化が始まるわけだが、憲法に対する、これはいかにも不健全な扱ひではある。あくまでも憲法を護持するか、それとも不健全な扱ひをしなくともいいやうに、憲法自体を健全なものに改めるか、今日に続く課題がここで提起された。

かうした状況を見て、再軍備を諒とする世論が国内で高まつていく。各新聞社の世論調査では、再軍備賛成派が反対派を圧倒した。あの朝日でさへ、昭和二十五年から二十八年頃までは再軍備賛成派が過半数だつたのに対して、反対派は三分の一以下だつた。これが改憲となると、賛成派が反対派を凌駕したわけではなかつたけれども、少なからぬ国民は、自分の国は自分で守るべきだと考へた。当時は、再軍備と改憲を結びつけて理解するまでにはいたつてゐなかつたといふことだらう。

政党の間でも再軍備の機運は高まつてゐた。国民民主党や参議院緑風会は自衛力強化ないし再軍備の必要性を訴へた。吉田の膝元の自由党も「自主、自立、自衛への道」（第四回党大会「宣言」）といふ表現をもつて党としては再軍備を認めてゐた。

岸信介、重光葵、渋沢敬三、藤山愛一郎、正力松太郎といつた追放解除組によつて結成された日本再建連盟は基本方針として「憲法改正、独立国家としての体制整備」を掲げた。再軍備と憲法改正が不可分であることを主張したのである。

軽武装論者として知られる石橋湛山は、まづ経済力培養だと説いたが、さうしなければ再軍備を妨げることになると考へたからである。経済か再軍備かといつた二項対立的な発想はなかつた。

社会党も左派はともかく、右派には再軍備を諒とする者が少なくなかつた。落選中だつたが、重鎮の西尾末廣は再軍備の議論を引き受けることによつて社会党の路線を現実的なものに変更する必要ありと考へた。

昭和二十五年から二十八年にかけて、再軍備――別の言ひ方をするならば、わが国の憲法を「勝者の勝者による勝者のための軍事規定」から、「独立主権国家の基本法」に改める最大のチャンスが訪れてゐた。政治指導者たる者、この機を逃す手はない。しかし吉田首相は、あくまでも(表向きは)再軍備を否定してみせた。

憲法改正が等閑視された理由

再軍備に関する「芦田=吉田論争」が注目を集めたのは、昭和二十五年から二十六年にかけてのことである。

昭和二十五年十二月、芦田は記者会見において、①政府が再軍備はやらぬと楽観論を示してゐるおかげで一部国民の間には安易な気持が流れてゐるが、情勢はさうした楽観論を許すものではない、②国土防衛を挙げて外国に依存するなどといふことは民族の屈辱であるばかりでなく、客観的に見ても拠り所がない、③国内には敗戦主義的な思想が拡がりつつあるので、政党には国民の認識を改め奮起を促す責任がある――と述べ、再軍備政策及びそのための政治指導の必要性を強調した。芦田はまた、その少し前に吉田と面談した際に「それ丈けの運動は今日の如き急迫した時代には一国のソーリが是非やる義務があると思つている。是非共、生れ更つたと思つて発奮して下さい」「お国の為なら褌一つで銀座の通を駆け出すことも止むを得ないじゃないですか」（『芦田均日記』第三巻、表記原文ママ）と迫つてゐる。

吉田は、強く反発した。年末の記者会見で、①国際情勢の緊迫化を過大視して神経戦に陥つてはならない、②再軍備についていま議論すべきではない、③自衛の手段は兵力以外のものがあるべきだ、④国民指導といふことは民主主義に反し、国民世論の向かふところに従ふのが原則だ――と、ケンもホロロに突き放した。

褌一つで銀座を駆け抜けるくらいの覚悟で国民をリードする責任が総理にはあるとする芦田と、民主主義と国民指導は相反するものであつて、世論のおもむくところに従ふのが政治家の務めだとする吉田。ここにあらはれたものは、再軍備を是とするか非とするかといふ対立以前に、政治指導といふものについての指導者としての構へ方の相違だつた。再軍備そのものについては、それから二ヶ月も経たぬうちに、吉田とダレスとの秘密交渉を通じて密約が成立してゐる。吉田が拒否感を示したのは、さういふ問題について国民に働きかけるといふ行為に対してだつた。

吉田と芦田の政治観の対立は、戦後の保守政治家に継承され、ともすれば吉田が示したやうな、世論への迎合こそが民主主義の原則であるとする発想に多くの政治家が取り憑かれてきた。そこにこそ、憲法改正（自主憲法制定）といふ国家にとつて最重要の基本問題が等閑に付され続けてきた最大の要因があるやうに思はれる。

安倍総理よ、池田勇人の悔恨に学べ

サンフランシスコ講和条約の締結といふ大事業を成し遂げたことによつて、皮肉なことに吉田自身の権力基盤が揺らぎ始めた。そこには大きく三つの要因ないし背景があつた。第一に吉田のワンマン政治が倦まれてきたこと。第二に岸、重光、鳩山一郎、三木武吉、河野一郎といつた追放に処せられてゐた実力者たちが政治家としてデヴュー・復帰し、保守政界の層が厚みを回復したこと。第三に吉田による現行憲法を墨守するかにみせて解釈改憲を積み重ねることによつて現実との折り合ひをつけるといふ路線への疑問と反発が高まつたこと——である。

保守政界の動乱は、主権を回復した昭和二十七年からしだいに激しさを増し、政党の離合集散を繰り返し、昭和三十年秋の保守合同（自民党結党）をもつて一応の決着をみる。自民党結党の目的は、安倍氏が解説したやうに、経済成長と独立の完成にあつたが、前者はひとまづ達成されたものの、後者についてはは手つかずできた。

安倍氏の祖父・岸信介首相がめざしたのは、経済から安全保障、憲法改正にいたる総合的な脱戦後政策であつた。「経済か憲法か」といふ二者択一ではなく、「経済も憲法も」といふ構へ方だつた。しかし岸一代では、すべての目標達成にはいたらなかつた。

国家の基本問題に切り込んだ岸は、いはゆる「対立の時代」を引き受けた宰相だつた。後継の池田は、経済成長・所得倍増へと国家目標を切り替へてみせた。よく知られるやうに、所得倍増政策は池田内閣において突然立案・決定されたものではなく、岸内閣において成立した「新長期経済計画」（昭和三十二年）がその原型となつてゐる。つまり経済政策それ自体が昭和三十五年を境に一変したわけではなく、池田が変へようとしたのは国民の間の「空気」だつたのである。いよいよ総理大臣就任を目前にしたとき、伊藤昌哉秘書から、総理になつたらなにをするかと問はれた池田は、「それは経済政策しかないじゃないか。所得倍増でいくんだ」と応じてゐる（伊藤昌哉『池田勇人　その生と死』）。

経済政策しかない——さういふ国に、昭和三十五年以降の日本は変化してしまつた。もつとも、池田自身は国防や安全保障に対して常識的な感覚を持つた政治家だつた。秘書相手に核保有に言及したり、外国首脳との対話で発言力を担保するものは結局軍事力であると吐露したこともある。しかし、池田以後の国民の関心が「経済しかない」に変化してしまつたのは、紛れもない事実である。

安倍首相は、池田時代の経済政策をかなり意識してゐるふしがある。国民の耳目をアベノミクスに集中させる手法は、あるいは池田路線の踏襲とも見える。しかし安倍氏が試みようとしてゐるのは、経済に特化した政策運営ではなく、経済再建をはかりつつ、併せて、粘り強く憲法をはじめとする国家の基本問題に取り組むといふ自民党結党以来の課題の克服の筈である。

自民党は結党以後、まず経済成長に取り組んだ。それは成功した。しかし豊かさを手に入れるにつれ、国民の間では再軍備や憲法改正に対する熱気が次第に薄くなつていつた。政治家も国民に対する説得を回避するやうになつていつた。

安倍氏は「闘ふ政治家」を自任してゐるが、この爛熟した大衆民主主義の時代にあつて、自ら信ずる政策を実現するために「闘ふ」とは、すなはち国民に対して不断に説得を続けて世論を喚起することにほかならない。麻生太郎財務大臣が国基研のシンポジウムで述べたやうに、静かな環境の中で憲法改正に関する議論を進めていくことはもちろん大切である。しかしそれは、政治家が議論から逃げることではない。

池田勇人首相は、「私の在任中、憲法改正はいたしません」（昭和三十八年十一月）と言明した最初の自民党総裁だつたが、憲法に対する彼のスタンスは「改正は世論に聞く」といふものだつた。「世論を喚起する」ではなかつた。

その池田は、死の間際に「自分も国民を甘やかした政治をしてしまったが、佐藤君もそうなりつつある。もっとしっかりした政治をしなければならなくなるだろう」（伊藤昌哉『池田勇人とその時代』）と漏らしてゐる。安倍首相、そして私ども国民はこの言葉を噛みしめなければならない。

■時機到来！いまこそ改憲のときだ

杏林大学名誉教授
田久保忠衛

■たくぼ ただえ

昭和八（一九三三）年生まれ。早稲田大学法学部を卒業後、時事通信社に入社。ハンブルク特派員、那覇支局長、ワシントン支局長、外信部長、解説委員を経て編集局次長。同社を退社後、杏林大学社会科学部教授、同学部長を歴任。専門は国際政治学・国際関係論。第十二回正論大賞受賞。著書に『レーガン戦略と日本の破局』『ニクソンと対中国外交』『激流世界を生きて』など。

国家意識の欠如こそ重大問題

二〇一二年の二月だったと思う。産経新聞社の幹部から社の創立八十周年記念事業の一つとして「国民の憲法」起草委員会を設けたいが、その委員長を引き受けてほしいとの御要請があった。

私の最大欠陥の一つなのだが、慎重さが欠如しているのだろう。どれほど大変な仕事か、自分の専門以外であることを考慮しないのか、交通整理係の能力があるかどうかなどをいっさい考慮せずにあっさりお引き受けしてしまった。五月三日の憲法記念日に新聞社が何かの企画記事を用意していて、その司会を務めればいいのだとの勝手な思い込みもあったと思う。が、翌三月十一日の第一回からことの重大性に身が引き締まった。

論議の範囲が国家全体と歴史にかかわるし、委員の先生方、佐瀬昌盛（防衛大学校名誉教授）、西修（駒澤大学名誉教授）、大原康男（國學院大学教授＝当時）、百地章（日本大学教授）四人がそれぞれ専門家で、論壇でも名うての論客だ。にもかかわらず、一日三時間あるいはそれ以上の審議を二十八回続けて産経新聞「国民の憲法」要綱を、どうやらまとめることができた。委員長の数限りない不手際をお許しくださった四人の先生方の御寛容と社を挙げた新聞社の御支援に心から感謝したいと思う。

分を越えた意見はなるべく控えるつもりだが、関係者全員に共通していたのは、民主党政権が登場する前から日本全体を覆っている名状し難い閉塞感をどうにかしなければとの危機感だったのではないか。

私が所属する国家基本問題研究所（国基研、櫻井よしこ理事長）は創立七年目に入るが、創立趣旨書の中でこう述べている。

「日本国憲法に象徴される戦後体制はもはや国際社会の変化に対応できず、ようやく憲法改正問題が日程に上がってきました。しかし、敗戦の後遺症はあまりにも深刻で、その克服には、いまなお、時間がかかると思われます。『歴史認識』問題は近隣諸国だけでなく、同盟国の米国との間にも存在します。教育は、学力低下や徳育の喪失もさることながら、その根底となるべき国家意識の欠如こそ重大な問題であります。国防を担う自衛隊は『普通の民主主義国』の軍隊とは程遠いのが現状です。

『普通の民主主義国』としての条件を欠落させたまま我が国が現在に至っている原因は、政治家が見識を欠き、官僚機構が常に問題解決を先送りする陋習《ろうしゅう》を変えず、その場凌ぎに終始してきたことにあります。加えて国民の意識にも問題があったものと考えられます」

残念なことだが、この認識はいまもなおいささかも変わらない。このたび『正論』誌から国基研の意見をさまざまな形で述べるように、との有り難いお勧めを頂戴したので、「国民の憲法」起草委員会に参加した一員の私見といったものを以下に述べてみたい。

前文に存在しない「日本」

歴史、伝統、文化を破壊された屈辱感、という一言に尽きる。憲法の前文を読む人は誰もが気付くだろう。国の基本法である憲法の前文は著書で言えば表紙である。前文を持たない憲法を持つ国もあるようだが、この表紙には「日本」がない。「政府の行為によって再び戦争の惨禍が起ることのないようにすることを決意し」は、詫び証文だ。「日本国民は恒久の平和を念願し、人間相互の関係を支配する崇高な理想を深く自覚する」とともに、「平和を愛する諸国民の公正と信義に信頼して、われらの安全と生存を保持しようと決意した」と読んでくると笑うしかない。

大嫌いであるはずの米国に押し付けられた憲法を、平和の護符よろしく奉戴し、「改憲派は軍国主義復活を目論む輩《やから》だ」といまもって騒いでいる護憲派は国際情勢の現状をわかったうえで、日本の安全を脅かすのは日本の「軍国主義者だ」と信じているのだろうか。日本の主権を侵す国の動向に目を向けずにパンチを振り回し続けているシャドウボクシングの喜劇にいつ気付くのだろうか。

私は人生の第一幕を時事通信社で過ごし、終戦時の同盟通信海外局長だった長谷川才次社長の感化を受けた。仕事には厳しい人だったが、外信部のデスクに来てはときどき終戦時の同盟通信海外局の話をし、それを時事通信の各種印刷物や月刊誌『大平』（昭和二十一年一月号）、月刊誌『中央公論』(昭和三十九年八月号)にも書いていた。憲法がらみで印象に残っているのは、日本がポツダム宣言を受諾したときに同盟通信が果たした役割だ。日本政府の対外広報部門も請け負っていた同盟海外局に、外務省の太田三郎情報課長がストックホルムとベルンの日本公使宛てに打った電文を届け、それを部内で相談したのち「世紀の大ニュース」を海外に発信する。これに対してバーンズ米国務長官の回答がAP通信で長谷川さんの手元に届く。同盟通信海外局企画部長の安達鶴太郎氏が原文を迫水久常書記官長にじかに手渡す。このやり取りは長谷川さんが何回も書いたり、しゃべったりしていることも手伝って迫真力に富んでいた。

問題はバーンズ長官の回答にあった。政治の大権が連合国軍最高司令官に"subject to"と述べた箇所をそのまま訳せば、「隷属」が正しいのだが、長谷川さんは「やはり『臣子の分』としてそういう言葉は使いたくないので、とっさの機転で『従属』と大いに緩和したつもりだったが、あくる朝早速迫水長官から、『もう少しなんとかうまい言葉はないかね』との御下問に与った」と書いている。結局、外務省は「最高司令官の制限の下にあり」との奇妙な表現にしてしまった。軍部と一般国民向けに官僚的な処理をしたのだろうが、米側が要求したのは「隷属」だ。余程悔しかったのだろう。独立回復後に長谷川さんは自社の出版物に現行憲法はGHQが便宜的にあれもこれも一つの鍋にたたき込んでしまった「チャンコ鍋憲法」と表現して、国会で取り上げられ、一部マスコミから批判された。

日本国憲法制定までのいきさつは西修氏の『図説 日本国憲法の誕生』(河出書房新社)に、きわめてわかり易く、正確で、客観的にまとめられている。「隷属」した日本に突きつけられた圧力は、米国務・陸軍・海軍三省調書委員会が作成した「日本の統治体制の改革」、「マッカーサー・ノート」、極東委員会の意向の三つが主で、総司令部(GHQ)民生局のやっつけ仕事の結果が日本国憲法草案だった。民生局長のホイットニー准将や憲法案とりまとめの責任者で同局次長のケーディス大佐らが外相官邸に吉田茂外相を訪れ、広島、長崎に投ぜられた原子爆弾を連想させるかのようにホイットニーが「われわれはいま、原子エネルギーの暖を楽しんでいます(背中に陽光を浴びていた)」と性のよくない軽口をたたいた。

この規定が受け入れられれば天皇の地位は安泰だなどと国のかたちを歪めかねない脅迫的な説明を受けたうえで、GHQ案をのまなければならなかった吉田外相の無念をいまの日本人は想像できるだろうか。このあと日本政府とGHQのやり取りをじかに経験した吉田側近の白洲次郎は「斯ノ如クシテ敗戦露出ノ憲法案ハ生ル『今に見ていろ』ト云フ気持抑へ切レスヒソカニ涙ス」と手記に書いている。

「事実上の米国の保護国」

汚辱に満ちた出自を持つこのような憲法は拒否できなかったのか。サンフランシスコ講和条約を機に日本人の手による憲法はどうして書き改めるなり、新憲法をつくらなかったのか、いま責めても詮無いことだが、六十七年の長い年月にわたってこの憲法を押し戴いてきた日本そのものの不可解さは今後も研究の対象になり得ると思う。自らが羞恥心を忘れてしまったのか。米国をはじめとする各国の顔色を気にしてきたのか。属国ではないかと憤慨するよりも、その立場をむしろ利用して経済的御利益を楽しむ「満足した豚」になりさがったのか。その中で江藤淳氏が昭和五十五年に書いた『一九四六年憲法―その拘束』(文藝春秋)は日本社会に少なからぬ衝撃を与えたものの、憲法を見直すまでの動きには至らなかった。

平成十年一月一日付の産経新聞で私は江藤淳氏と対談した。その際に私は前年九月～十月号の『フォーリン・アフェアーズ』誌にブレジンスキー元米大統領補佐官が「ユーラシアの地政学」と題する一文を書き、日本の立場は「事実上の米国の保護国」(de facto status as an American protectorate)と書いていると述べた。独立国としての存在を貶《おとし》める発言だと腹を立てていた私の発言に江藤氏はやや興奮気味に、「ブレジンスキー論文についてはは初めてうかがいましたが、ついに『保護国』という言葉をつかったか、というのが実感です。私は『文藝春秋』新年号に『日本 第二の敗戦』というブレジンスキー論文を逆さにしたような談話筆記を発表しました。第一の敗戦は五十三年前ですが、冷戦が終わったころから第二の敗戦がじわりじわりと進み、九八年までできてついにアメリカの保護国にしたと思います」との感想を述べていた。

対談後しばらくしてから江藤氏から原文を欲しいのだがとの要請があり、コピーを送った。

そのあと石原慎太郎氏が、「ブレジンスキーが日本を『下僕』と呼んでいる。まことに怪《け》しからん」との発言をあちこちのメディアで繰り返した。江藤氏から石原氏に連絡が行ったのかどうかはどうでもいいことだが、「下僕」という原文はなかった。それにしても三人ともブレジンスキー論文にこのうえなく不快な感情を持ったことは事実だった。

しかし、その後私はブレジンスキー氏が正確に日本を観察していて、率直に意見を述べる人物だとむしろ高く評価するようになった。十六年後の現在、日米間の政治的、軍事的協力関係は多少は改善されただろうが、本質的な関係は変わっていない。私は欧州における米英関係と同じような関係をアジアにおいても確立したいと一貫して望んできたが、いまの憲法を持つかぎり、それは単なる願望に過ぎないだろう。

別稿で論じるが、いまの国際情勢は、冷戦、冷戦終焉後の米国が他国を抜く一極時代と称される国際秩序からさらに大きく変わろうとしている。一つは日本に隣接する中国の軍事力や経済力の増大であり、二つは二期目に入ってからの米オバマ政権による影響力の低下である。

この中で安倍政権は二〇一三年十二月に国家安全保障会議（日本版ＮＳＣ）を設置して国家安全保障戦略を公表し、二〇一四年四月に従来の武器輸出三原則による「原則として（武器輸出は）認めないが、例外を認める」方針を「原則として輸出は可能、問題がある場合は禁止」に転換した。さらに同七月一日に集団的自衛権を認める閣議決定を行った。

国連憲章や日米安保条約も認めている集団的自衛権の行使を、憲法上「権利はあるが、行使は認められない」との解釈を取ってきた内閣法制局の特異な考え方が改められた意義は小さくない。日本周辺の環境の悪化に対応するには、現行憲法の枠内とはいえ当然の生き残り戦術だと言える。

戦後の日本が固執してきた安全保障政策を事実上大転換させた安倍政権に抵抗してきた与野党の一部政治家は、国際情勢の大局の中で日本がいかに生存するかなど念頭にないようだ。あとの戦略は憲法を根本的に改正することであろう。はじめて日本は「普通の民主主義国家」として国際社会のプレーヤーになれる。

日本の歴史の核を知らず憲法作成

「国民の憲法」起草委の諸先生方や産経新聞社の関係者が暗黙のうちに合意していたのは、新しい憲法要綱は日本の国らしさを強調する半面で国際的に目配りしなければならないとの点だったように思われる。英国の歴史学者トインビー教授は日本を中国文明圏に入れてしまっているが、米国のハンチントン教授は日本文明が西洋、中国、イスラム文明などと並ぶ世界八大文明の一つと明記しているし、キッシンジャー元国務長官と並ぶ中国重視派のブレジンスキー元大統領補佐官も独自の地政学図(『The Grand Chessboard』、邦訳『世界はこう動く―21世紀の地政戦略ゲーム』(日本経済新聞社)で中国の影響を受ける国と受けない国を区別し、アジアでは日本だけが圏外で中国の影響力に抵抗している国に、また圏内ではインドを挙げている。

新要綱の検討で日本の独自性を打ち出すのはいいが、常に心していなければいけないのは日本が国際社会の一員であるとの認識であったように思われる。とりわけ、自由、民主主義国家として国際社会で積極的な貢献をする姿勢は明らかにしなければならない。国民の憲法起草委のメンバーの座右には常に「世界の憲法集」が置かれていた。国基研の趣意書でも「私たちは、連綿とつづく日本文明を誇りとし、かつ、広い国際的視野に立って、日本の在り方を再考しようとするものです。同時に、国際情勢の大変化に対応するため、社会の各分野で機能不全に陥りつつある日本を再生していきたいと思います」と明記している。

いまさら日本国憲法批判ではないが、冒頭でも触れたように、前文には日本の歴史、伝統、文化への言及は全くない。西教授が日本国憲法の成立過程研究の第一人者セオドア・マクネリー博士の指摘として挙げているところによると、時系列的に①米独立宣言（一七七六年）、②米合衆国憲法（一七八七年）、③リンカーン大統領のゲティスバーグ演説（一八六三年）、④米英首脳による大西洋憲章（一九四一年）、⑤米英ソ首脳によるテヘラン宣言（一九四三年）、⑥マッカーサー・ノート（一九四六年）の六史料が前文の基礎になったという。

独立宣言の起草者は、第三代の大統領になったトマス・ジェファーソンだ。彼は英スチュアート諸王の圧制に抵抗した勢力の思想となった天賦人権説の信奉者である。英本国の君臨と統治に対して、武器をもって抵抗し、独立を勝ち取った米国が、大統領を元首とするいまの共和制を維持してきた経緯と日本の歴史は全く違う。
二千年に近い日本の国の歩みとはいかなるものかがわかっていたら、GHQ民生局の憲法草案前文は全く変わったものになっていただろう。

日本国民の皇室理解に変化

では、日本の国柄とは何かをどう説明できるか。村松剛氏の「権威と権力との分離は、奈良朝以前からすでにはじまっていた。その権力部分に後世藤原氏が坐り、次に平家や鎌倉幕府が坐る。祭祀王の伝統を保つ工夫が古い時代に準備され、外国に軍事力によって支配されたことが──マッカーサーの七年間以外には──なかったという幸せも手伝って、皇統は今日にいたったといえそうに思う。権力が皇室から離れても、政治的大混乱期に際会すると、人びとはこの古い権威を背景に国内の統一を回復しようとした。豊臣秀吉の場合が、そうであった。明治維新のときには秀吉の仕事とは比較にならないほどの大改革を必要としたので、権威を前面に押立てねばならなかったのである」(『日本人と天皇』ＰＨＰ研究所)の説明が最もわかり易い。

先の大戦終了時にも内閣は事態の収拾がつかないところに追い込まれ、昭和天皇の御判断を仰いだし、戦後復興で国民がやる気を出したのも天皇陛下の全国御巡幸が一つの大きな契機になった。いわゆる皇国史観とは関係がない、国民と皇室の関係である。日本は政治権力とは別に、祭祀王を持つ世界で唯一の国である独自性に誇りを持つべきではないか。

皇室論は、「帝室は万機を統るものなり、万機に当るものにあらず」と「君臨すれども統治せず」を説いた福沢諭吉ほか枚挙に暇《いとま》がないが、私がとくに紹介したいのは戦前に戦闘的自由主義者として生命がけの主張をした河合栄治郎の皇室論だ。昭和十五年に日本評論社から出版され、爆発的に売れた『學生に與ふ』の中に「日本の国家の元首は天皇である。天皇は（皇紀）二千六百年連綿たる万世一系の皇統を継承され給う。天皇は政治社会の元首であらせ給うのみならず、我が国民が大家族として発展してきたことから、恰も家族に於ける親の子に於けるが如き地位に立たせられる。政治社会の元首は威権の主体であるが、必ずしも国民の感情の中心に立つとは限らない。共和国の大統領はその例である。我が国に於て天皇は元首であらせられ、統治権の主体として万機を総攬せられ給うのみならず、単に威権の主体であるばかりでなく、国民の感情の中心に立たせ給う。国家に対して我々を民と云い、天皇に対して我々を臣民と云う」のくだりがある。

現代の若い人々は、明治憲法下で人生を過ごした一研究者の尊皇論だと受け取るかもしれない。あるいは時代が時代だったと言うかもしれない。が、河合は自由主義思想を追求し、トマス・ヒル・グリーンの思想体系に辿りついた。いわば西欧流の合理主義者である。マルクス主義に対する厳しい姿勢は曲げず、同時に右翼全体主義者とりわけ五・一五事件から二・二六事件に至る軍部のファシズムが表面化したときの河合の言論の迫力には凄まじいものがあった。陸軍皇道派の青年将校が下士官・兵を率いて斎藤実内大臣ら政府首脳を暗殺した二・二六事件に国内が動揺し、言論機関すら息を凝らしていた三月九日付の『帝国大学新聞』で、河合は一部少数のものが暴力を行使して、国民多数の意志を蹂躙《じゅうりん》することが何故に許されるのか、武器を持っている一部の人間が、武器所持を許されない人々の知らぬ間に意思を通そうとするのであれば、「先ずあらゆる民衆に武器を配布して、公平なる暴力を出発点として、吾々の勝敗を決せしめるに如くはない」との軍部批判を行った。ここで私は河合栄治郎論を試みようとしているのではない。憲法学者ではない、一自由主義思想家が皇室に対してこれほど尊崇の念を抱いていた戦前に比べて、憲法下の六十六年にわたって日本国民の皇室理解がいかに薄くなってしまったか、その落差の大きさに改めて驚く。

ただ最近私は旧民社党書記局にいて大学教授に転出した梅澤昇平氏の『皇室を戴く社会主義』と題する著書を実に興味深く読んだ。社会党の看板的な存在だった浅沼稲次郎が宮城遥拝をし、社会党結成大会で堂々と国体護持論をぶち、共産党の「天皇制打倒」に露骨な嫌悪感を示したという。牧師、平和運動家、世界連邦主義者で有名だった賀川豊彦は日本社会党結成大会で何かに感動して会場の中から「天皇陛下万歳！」を叫んだそうだ。共産党の最高幹部だった佐野学と鍋山貞親は、コミンテルンによって指令された天皇制打倒に反発して転向したと考えられているが、実際に転向声明の中には「日本民族を血族的な一大集団と感じ、その頭部が皇室だという本然的感覚がある。かかる自然の情は現在のどこの国の君主制の下にも恐らく見出されまい。……天皇制打倒をスローガンとした共産党は反人民的であり、それ故に大衆より遊離した」との記述がある。

戦前の状況で共産主義者あるいは社会主義者だった人々に対して、皇室を認めるかどうかはイデオロギー的な、あるいは精神的な白黒を決めるリトマス試験紙だった実例を梅沢氏の著書は数多く挙げている。日本以外の他の国にこのような例はないのではないか。あくまでも天皇制打倒の信念を貫き通した人々がどのような人生を歩んだかの検証は措くとして、日本人一般がDNAのように気持ちの中で受け継いできた皇室観は戦後希薄になったとはいえ、いまにいたるまで不変ではないだろうか。

国難には天皇陛下を中心に

平成二十一年十一月に天皇陛下の御即位二十年を祝う各種催しが行れ、いずれも盛大だった。とりわけ、千代田区の皇居広場で開かれた「国民祭典」に三万人の人々がちょうちんの明かりで陛下をお祝いした様子を少なからぬ数の外国人は観ていたはずだ。平成二十三年三月十一日の東日本大震災に際して陛下は「被災地の悲惨な状況に深く心を痛めております」とのお言葉を発表された。東日本大震災で日本の首相は最高指導者として冷静、沈着な判断を求められているときに、東京電力本社に乗りこんであたりかまわず怒鳴り散らす醜態を演じていた。天皇と権力者とは対照的ではあった。「自衛隊、警察、消防、海上保安庁をはじめとする国や地方自治体の人々、国内のさまざまな救援組織に属する人々が余震の続く危険な状況の中で、日夜救援活動を進めている努力に感激し、その労を深くねぎらいたく思います」のお言葉を一部を除くマスメディアは軽視したか、無視したが、国民全般の受け取り方は違う。

二〇一三年一月三十日の衆議院本会議で、日本維新の会を代表して平沼赳夫議員が安倍晋三首相の所信表明演説についての質問を行った。平沼氏はその中で、「平成十八年の春（秋篠宮家の紀子妃殿下御懐妊の兆候発表のあと）、武道館で国民大会を開催いたしました。当時のマスコミの一部は、あんな大会場を満杯にするような人は集まらない。せいぜい半分だ、こう揶揄いたしました。当日出席した私は、感激に浸りました。一階のアリーナ席から三階まで人々が参集、一万人を超える全国からの人々の大集会となったわけです」と述べた。

平沼氏の率直な感動だろう。確かに戦前に比べて皇室の熱烈な支持者、理屈のうえでの理解者、度合いは異なるが親近感を抱く人々の数に変動はあろうが、コミンテルンの指令にあった「天皇制打倒」を叫ぶ日本国民の数はいても少ないと思う。権力はときには判断不能に陥ることもあれば、腐敗もする。対外的に対応できなくなる重大事態もある。その国難に見舞われるたびに日本人は天皇陛下を中心にぶつかってきた。明治維新では徳川幕府が、先の大戦末期には日本政府が、いずれも十分機能できなくなった。日本人が依りどころとしたのは天皇陛下である。日本人が歴史の中で会得した政治的な知恵にほかならない。

説明が長すぎたが、産経新聞「国民の憲法」要綱は前文で、「日本国民は先人から受け継いだ悠久の歴史をもち、天皇を国のもといとする立憲国家である」と明確にうたった。すでに述べたように現行憲法の前文は米国の独立宣言、米国憲法、リンカーン大統領によるゲティスバーグ演説などが参考にされてGHQの民生局によりやっつけ仕事で作成された。英本国からの独立を戦争によって実現した米国の成り立ちと日本の国柄は対照的なほどまでに異なるにもかかわらず、前文に日本の国柄は全く登場しない。それを明記し、同時に国際社会の一員として重要な役割を演じる覚悟を鮮明にし、自由主義、民主主義、基本的人権の尊重といった普遍的な価値観を掲げ、国家の目標を「独立自存の道義国家」と規定した。明治天皇の御製で、昭和天皇が開戦前の御前会議で引用された「四方の海みなはらからと思う世になど波風のたちさわぐらむ」もこの前文に盛り込まれている。産経新聞「国民の憲法」要綱の性格は、この短文の中で簡潔に言い表されている。

日本語の「国」は英語で言えば、ネーション、ステート、カントリーの三つだ。それぞれが定義されたうえで外国でも日本でも厳密に使われているかというとそうではなく、互いに言い換えに用いられるなど曖昧な用法が多い。が、ネーションは一定の地理的区画内で歴史、伝統、文化など他と異なる一体性を持った人々が単一の、通常は独立した政治機構の下にまとまっている状態を言うのであろう。いわば国民共同体だ。ステートは警察、軍隊などの強制力を備えた統治機構と政治的に組織された人々を指す。とすれば、カントリーは故郷ということになるだろうか。前文と第一章の天皇は国民共同体としての日本の性格を明らかにした。現行憲法と根本的に違う点だ。

第二章は当然ながら、国家を構成するものを規定しなければならない。それは、主権と領土と国民から成り、国旗と国歌を有し、天皇を含むすべての国民が主権者になる。国内の治安は警察が守るが、外国からの攻撃や大規模な自然災害に対応して、非常事態に内閣総理大臣の下で、ときには私権の制限も許される規定は存在しない。憲法第九条は普通の国々が保有する軍を持つと書き改め、日本以外のほぼあらゆる国々が設けている緊急事態条項ははっきり規定することになった。国家としての体裁は整う。「国家」不在の憲法には「個人」があまりに強調されている割に「家族」はどこに行ってしまったのか。人間社会の自然的、基礎的単位として家族は尊重されなければならない。基本的人権が重い意味を持つのは肯定できるが、新憲法は権利の規定と同時に、義務も明記しなければおかしい。権利や自由は国が担保するのだから、国の非常事態には制限を受けることもあり得る。つまり、日本の国柄がはっきりすれば、それに整合するよう現代社会の異常も修正できる。

いま改憲せずしていつするのか

私はいまの自衛隊の地位に対して特別の感情を持っている。屈辱的憲法の中の第九条「戦争の放棄、軍備及び交戦権の否認」は独立国が持つ憲法に存在してはならない条項だ。独立自存の国の背骨となるのは軍隊だろう。日本の自衛隊は先人たちの苦労によって最近は国民にます ます親しまれ、尊敬される存在になってきたが、憲法で存在と使命を定めないのは異常である。個人的な例を持ち出して恐縮ながら、私には痛切な思い出がある。今年四十八歳になる娘が二十歳の成人を迎えたとき、幼いときの友人たちと着飾って成人式に出かけたのを見送った。その後、仕事で地方に出掛け、帰る車の中でラジオのニュースを聞いて顔が強張った。沖縄の自衛隊基地で成人式に出席しようとした自衛隊員がゲートを出ようとしたときに革新団体と称される人々によって阻止され、他のゲートから遠回りをして遅れて式場に到着し、かろうじて式典に間に合ったというのである。差別があってはならない社会のはずなのに、自衛隊は差別をしていいのか。何故か知らないが、NHKニュースは帰宅して改めて聞こうとしたが、全く消えていた。翌日の新聞は一紙も報道していなかった。調べてみると同様の話は枚挙に暇がないくらいあった。「九条を守る会」の人々はそれなりの信念があって運動を続けているのだろうが、「差別」に真正面から回答してほしい。何故自衛隊の不当な待遇を問題にしないのか。とりわけ差別には敏感な対応をしてきた「良心的」な人々だったのではないか。時代の環境もあって、事態は改善されてきたと思うが、国に生命を捧げる人々に対する敬意はまだまだ他国とは違う。

個人的な例はさておき、憲法第九条の存在そのものが、日本を守る制服の人々に加えてきたもろもろの制約は国家の犯罪と言ってもいい。自衛隊の地位、警察法体系が持つ不備など法制上の欠陥、専守防衛など理屈が通りにくい規制は枚挙に暇がない。当面の課題も、防衛出動前の自衛隊の行動をいかに機能させるか、いわゆるグレーゾーンの対応も早急に整備しなければならないなど憲法の枠内で可能な課題も少なくない。非武装中立を空想だと笑い飛ばす人々の中にも日本の「軍国主義」なる存在しない妖怪が頭の隅に残っていて、それを自衛隊のイメージと重ね合わせ、憲法を狭義に狭義にと解釈してきた結果、一つを改めるだけでも途方もない大仕事になってしまうことは集団的自衛権の新三要件をつくり出す過程を見ていれば明らかだろう。国家不在の憲法のなせる業である。それにしても日本全体が立ち向かわなければならないのは国内の「軍国主義者」ではないだろう。

戦後初めての大きな危機

日本をめぐる安全保障環境は、のっぴきならぬところに来ている。いつまた襲ってくるかわからない自然災害に国民は不安感を抱き、日本人を拉致したままの北朝鮮は弾道ミサイル実験、核実験を強行した。北朝鮮に最大の影響力を持つと見られている中国は「富国強軍」の道を突っ走っている。軍事力を背景に東シナ海、南シナ海、インド洋に出てくる中国は周辺諸国とあまりにも多くの摩擦を起こし、日本とは尖閣諸島をめぐる緊張を続けている。頼みの綱は依然として米国であり、日米安全保障条約だ。

約十年間にわたって中央アジアと中東に重点を置いてきた米国は、二〇一一年暮れから、軸足（ピボット）をアジアに移すと宣言したが、第二期に入ったオバマ政権は、中国に対しては、米中両国間の話し合いを重視する「新型大国間関係」を、同盟国や友好国に対しては関係重視をそれぞれ説くとの二路線方式を続けている。シリア、イラク、イラン、ウクライナ、東シナ海、南シナ海などでも軍事介入は極力回避し、専ら話し合いを中心とする外交を求める傾向がはっきりしてきた。

軍事力を米国に依存することによって「福祉国家」への道を歩んできた日本や欧州連合（EU）諸国と同じ方向を、オバマ政権は目指し始めたのではないかとも考えられる。メディケア（高齢者向け医療保険）、メディケイド（低所得者向け医療扶助）、社会保障制度が相互に支え合う仕組みの必要性をオバマ大統領は二期目の大統領就任演説で説いた。与野党の対立で具体化は進んでいないが、巨額な赤字を出している米財政のシワ寄せは軍事費に集まっている。二期目に就任したケリー国務長官やヘーゲル国防長官も軍事的膨張を続けている中国と対決する姿勢は努めて慎み、話し合い路線を専ら強調している。米国内世論の大方は米軍の海外展開に批判的であることもあり、米国は「内向き」の時代に入ろうとしていると考えていいのであるから、日本は戦後初めての大きな危機に直面していると言っていいのではないか。内外の環境変化に対応できない戦後憲法が持つ欠陥の深刻性を自覚している国民は、次第に増えていると考えていいのではないか。

第九条だけの改正を行おうとの意思があれば可能な機会は三度あった。一回目はサンフランシスコ講和条約締結で独立を回復したときだ。独立国としての新しい憲法をつくる動きが出て当然だといまにして改めて思うが、朝鮮戦争を横目で眺めながらも九条を改めようとしなかった。経済復興未《ま》だしの状況で米側の再軍備要請を吉田茂首相は断っている。

二回目は一九七九年十二月のソ連軍によるアフガニスタン侵入事件である。冷戦下において米ソ関係が尖鋭化する中でソ連の影響力が世界的に拡大し、ついにアフガニスタンに軍事介入した。中国人民解放軍副参謀長の伍修権氏は、八〇年四月に訪中した自民党の中曽根康弘代議士に、「質、量ともに自衛隊の増強を希望する」と述べ、私見だとことわりながらも、「現在の国民総生産（GNP）比〇・九％の日本の防衛費は二％にしても、日本経済に大きな影響はないのではないか」と語っている。八〇年一月に訪中の帰途東京に立ち寄ったブラウン米国防長官は、久保田円次防衛庁長官に、さらに三月に訪米した大来佐武朗外相に対して「着実で顕著な」(Steady and Significant) 防衛努力をしてほしいと要請した。米中両国からのたっての要請に応じる形で九条を改正する絶好の機会だったのではないか。

三回目は九一年の湾岸戦争だ。クウェートを侵略したイラク軍に対して、国連決議に基づき二十八カ国からなる多国籍軍が攻撃を加え、あっという間に片をつけた。そのあとクウェートは米『ワシントン・ポスト』紙に一面ぶち抜きで感謝広告を出し、三十カ国の名前を挙げた。日本は百三十億ドルの巨額な資金を提供したにもかかわらず、感謝広告の中に日本の名はなかった。「一国平和主義」の悲哀だが、これだけの恥をかいても改憲によって国際貢献できる並の国家になるのだとの気運は出なかった。

しかし、国際的には中国、北朝鮮などユーラシア大陸から迫り来る脅威、米国のアジア政策に関する一抹の不安、国内的には大規模な自然災害の危険、天皇陛下のお世継ぎについての国民的な関心の高まり、改憲を目指すと約束してきた安倍政権の登場—は現憲法が新しい憲法に生まれ変わる時機到来を告げているのではないか。日本が直面している事態の深刻さは前三回の比ではない。

強い日本と米国の同盟が国際秩序の安全弁に

憲法第九十六条の改正の手続きは衆参両院の三分の二以上の賛成で国会が発議し、国民投票にかけるという高いハードルが設けられている。ＧＨＱが改正をほぼ不能にするためにこの規定を考えたとの説がある。仮にそうであっても民主的手続きによってこれを改めるべきであろう。ひどい憲法を押しつけたのは米国であるが、これを反米論に結びつけるのはあまりにも情けない。

ちょうど憲法が発布された昭和二十二年に「星の流れに」と題する流行歌が流行《はや》った。有楽町のガード下に真っ赤な口紅を塗ってたむろしていた日本人女性の自堕落な、何とも物悲しい曲で、三節の最後はみな「こんな女に誰がした」で終わっている。

六十七年間も、しかも切羽詰まった改憲の機会があったにもかかわらず、それをしなかったのは米国のせいではない。誇りある日本人であれば自らの手で改めるべきであって、米国に対する恨み節はやめにしたい。

米国の中にもいわゆるリベラル派の中には、尖閣問題などで中国と日本の両方に「危険なナショナリズムが発生しているから、両方とも制御すべきだ」などといかにも賢そうに喧嘩両成敗論を説いている向きもあるが、国の教育政策としてナショナリズムを煽ってきた国と健全なナショナリズムでさえも危険視して抑圧してきた日本を単純に並べてはいけない。強い日本と米国の同盟こそがアジア、ひいては世界の国際秩序の安全弁になると私は確信している。

戦前のアジア通で、米国が日本と密接な関係を結ぶべきだと説いた外交官のジョン・アントワープ・マクマリー、日本の歴史、伝統、文化を愛し、最後まで和平を念じた戦前に駐日大使を務めたジョセフ・グルー、戦後強い日本の必要性を説いたジョージ・ケナンといった高い知性から日米関係を大局的に論じる人物が米国内に少なくなったように見受けられるのは気になる点だ。これらの人々が健在だったら、いまこそ民主、人権、法治など不遍的価値観の共有で結ばれた日米同盟がアジア安定の重しとなり、ひいては安定した世界秩序への道が開けると祝福してくれるに違いないと信じている。新しい日本の始まりだし、日米関係も戦後初めてパート2の時代に入っていくと考える。

●本書は、雑誌『正論』平成二十五年六月号〜平成二十六年五月号に「日本再生への処方箋」として掲載された国家基本問題研究所との共同企画の文章を、加筆・訂正したものです。一部、タイトルを変更しています。

■【対談】反日メディア、アメリカの揺らぎ、日本の前進を阻むもの　櫻井よしこ×田久保忠衛（平成二十六年五月号）

■揺れ動く歴史認識問題の変質に注視せよ　櫻井よしこ（平成二十五年七月号、改題）

■日韓関係のためにも自衛隊＝国軍の整備を急げ　西岡　力（平成二十五年八月号、改題）

■アジア海洋同盟で中国を抑止せよ　湯浅　博（平成二十五年十二月号）

■アメリカの変節がもたらす衝撃に備えよ　田久保忠衛（平成二十六年四月号）

■米中関係の理解なくして日本の「独立自存」はない　冨山　泰（平成二十五年九月号、改題）

■「レーガン保守」が示唆する憲法改正の覚悟　島田洋一（平成二十五年十月号、改題）

■愛すべき日本、学ぶべき明治　平川祐弘（平成二十六年一月号）

■断ち切られた親子の絆を見つめよう　高橋史朗（平成二十六年二月号）

■異次元の規制改革を目指せ―メガＦＴＡの実現を　大岩雄次郎（平成二十六年三月号、改題）

■【遺稿】憲法とアベノミクスについて　遠藤浩一（平成二十五年十一月号）

■時機到来！　いまこそ改憲のときだ　田久保忠衛（平成二十五年六月号、改題）

装幀　朝倉まり
DTP制作　佐藤敦子
本文写真　産経新聞社

「国家基本問題研究所」について

国家基本問題研究所（国基研）は、七年前の平成十九年十二月、ジャーナリストの櫻井よしこ氏を理事長に設立された。設立趣意書には「私たちは、連綿と続く日本文明を誇りとし、かつ、広い国際的視野に立って、日本のあり方を再考しようとするものです。同時に、国際情勢の大変化に対応するため、社会の各分野で機能不完全に陥りつつある日本を再生していきたいと思います」とある。「世界情勢が激しく変わり行くいま、日本文明の叡知を現在に活かし、日本の大戦略を提言し、内外に発信していきます」と宣言したように、政治、経済、外交、軍事、教育など、日本が直面する国家的課題に果敢に取り組み、毎週、「今週の直言」を日本語と英語で発表し、さらに時機をとらえて「提言」を内外に発信し続けている。

新聞各紙への意見広告掲載も活発に行っている。「平和に責任を持とう 今こそ改憲と国防軍の創設を」「内政干渉を押し返す気構えが国民の一人ひとりに求められています」「あなたは原発問題だけで都知事を選びますか」『河野談話』の検証はまだ終わっていません」などがそうだが、この九月には時宜を得た「『慰安婦』国際中傷を跳ね返せ」の意見広告が評判になった。

また、「多くの点で日本は誤解されている。とりわけ歴史問題に関する誤解は根深く、その誤解の壁は現在も立ちはだかる。誤解を解くのに一番よいのは、外国の人々に日本を知ってもらうことであり、そのために有為な外国人の日本研究者を育てたい」との考えから、七月には『寺田真理記念 日本研究賞』を創設した。

会員は年々増え現在、その数は七千近くに達している。国基研の趣旨に賛同し、会員として参加を希望される方は、ホームページ (http://jinf.jp) の「入会案内」をご参照ください。

（編集部）

日本の勝機──米中韓の変化に果敢に向き合え

平成26年11月1日　第1刷発行

著　　者　櫻井よしこ＋国家基本問題研究所
発 行 者　皆 川 豪 志
発 行 所　株式会社産経新聞出版
〒100-8077 東京都千代田区大手町1-7-2 産経新聞社8階
電話　03-3242-9930　FAX　03-3243-0573
発　　売　日本工業新聞社
電話　03-3243-0571（書籍営業）
印刷・製本　株式会社シナノ
電話　03-5911-3355

ISBN978-4-8191-1254-3　C0095